中国城市体检报告
（2021年）

住房和城乡建设部城市体检专家指导委员会
清华大学中国城市研究院
中国科学院地理科学与资源研究所　编著
中国城市规划设计研究院
中国城市规划协会

中国城市出版社

图书在版编目（CIP）数据

中国城市体检报告. 2021年／住房和城乡建设部城市体检专家指导委员会等编著. —北京：中国城市出版社，2023.1
ISBN 978-7-5074-3555-9

Ⅰ.①中… Ⅱ.①住… Ⅲ.①城市管理－研究报告－中国－2021 Ⅳ.①F299.23

中国版本图书馆CIP数据核字（2022）第238310号

责任编辑：杜　洁　张文胜
书籍设计：锋尚设计
责任校对：赵　菲

中国城市体检报告（2021年）
住房和城乡建设部城市体检专家指导委员会
清华大学中国城市研究院
中国科学院地理科学与资源研究所　编著
中国城市规划设计研究院
中国城市规划协会

*

中国城市出版社出版、发行（北京海淀三里河路9号）
各地新华书店、建筑书店经销
北京锋尚制版有限公司制版
北京富诚彩色印刷有限公司印刷

*

开本：787毫米×1092毫米　1/16　印张：16¼　字数：385千字
2022年12月第一版　　2022年12月第一次印刷
定价：138.00元
ISBN 978-7-5074-3555-9
（904575）

版权所有　翻印必究
如有印装质量问题，可寄本社图书出版中心退换
（邮政编码100037）

本书编委会

清华大学中国城市研究院：
边兰春　林　澎　刘　健　钟　舸　王　英　邵　磊　于涛方　黄　鹤　赵　亮
唐　燕　刘佳燕　陈宇琳　梁思思　王晓婷　陈科良　吴永兴　刘　洋　何东全
姜　洋

中国科学院地理科学与资源研究所：
张文忠　谌　丽　党云晓　湛东升　刘倩倩　李业锦　曹　靖　许婧雪　何　炬
熊志飞　杨飞龙

中国城市规划设计研究院：
王　凯　徐　辉　张永波　翟　健　李　倩　耿艳妍　沙　金　于天舒　郭　汉
王伊倜　李　昊　张淑杰　王文静　骆芊伊　蒋艳灵　余加丽　吴淞楠　王　颖
窦　筝　秦　维　孙若男　杨珺雅　冀美多　张海荣　郝灵强　翁芬清

中国城市规划协会：
唐　凯　吴建平　谢盈盈

江西省建筑设计研究总院：
胡　斌

前 言

为深入贯彻习近平总书记关于城市体检工作重要指示精神，落实中共中央办公厅、国务院办公厅《关于推动城乡建设绿色发展的意见》文件精神，推动城市高质量发展，将城市体检评估作为全面落实新发展理念、统筹城市规划建设管理、推进实施城市更新行动、促进城市开发建设方式转型的重要抓手，2021年住房和城乡建设部围绕建设宜居城市、绿色城市、韧性城市、智慧城市、人文城市的目标，选择样本城市开展城市体检，全方位评估城市发展建设的整体性、系统性、生长性、宜居性和包容性，推动提升城市人居环境水平，努力建设没有"城市病"的城市。

本次体检对指标体系进行了进一步完善。针对《关于推动城乡建设绿色发展的意见》中明确指出的我国人居环境仍存在整体性缺乏、系统性不足、宜居性不高、包容性不够，大量建设、大量消耗、大量排放的建设方式尚未根本扭转等问题，在2019年、2020年连续两年的城市体检工作基础上，围绕"碳达峰、碳中和"任务要求，进一步完善城市体检评估指标，在延续2020年城市体检8项一级指标的基础上，强调底线控制，形成了由65项二级指标构成的城市体检评估指标体系。

本次体检的样本城市覆盖了全国31个省、自治区和直辖市（不包括港、澳、台地区），加大了对中小城市的监测评价，选取了59个不同规模的样本城市开展城市体检评估，其中超大、特大城市17个，大城市25个，中小城市17个（以城市建成区内人口规模为准）。具体为北京、天津、上海、重庆、石家庄、唐山、太原、晋城、呼和浩特、包头、哈尔滨、大庆、长春、四平、沈阳、大连、济南、青岛、东营、南京、徐州、合肥、亳州、杭州、宁波、衢州、福州、厦门、南昌、赣州、景德镇、郑州、洛阳、武汉、黄石、长沙、常德、广州、深圳、南宁、柳州、海口、三亚、昆明、临沧、贵阳、安顺、成都、遂宁、拉萨、西安、延安、兰州、白银、银川、吴忠、西宁、乌鲁木齐、克拉玛依。

本次体检沿用了第三方体检、城市自体检、社会满意度调查相结合的方法。2021年6月，住房和城乡建设部委托清华大学中国城市研究院、中国城市规划设计研究院、中国科学院地理科学与资源研究所等单位利用遥感、大数据等技术，对样本城市开展了第三方体检；59个样本城市结合各自实际情况，增加了特色体检指标，同步开展了自体检工作；同时，进一步加强了满意度调查力度，共向59个样本城市发放57万余份调查问卷，回收有效调查问卷45万份。

本报告在 2021 年第三方体检、自体检和社会满意度调查基础上，客观评价了 59 个样本城市的规划建设管理状况，查找短板和不足，并针对突出共性问题提出促进城市高质量发展的对策建议。

目 录

前 言

上篇　城市体检总体分析与方法

第一章　城市体检总体评价

第一节　城市体检发现的突出问题 / 4
第二节　城市病原因分析 / 9

第二章　城市体检分项评价分析

第一节　生态宜居 / 14
第二节　健康舒适 / 24
第三节　安全韧性 / 30
第四节　交通便捷 / 35
第五节　风貌特色 / 41
第六节　整洁有序 / 44
第七节　多元包容 / 49
第八节　创新活力 / 53

第三章　社会满意度评价分析

第一节　满意度评价的南北差异显著 / 63
第二节　环境治理任重道远 / 66
第三节　住房及社区设施问题有待改善 / 69
第四节　城市风貌特色评价领先 / 73

第五节　内涝和消防等仍是影响城市安全韧性评价的主要问题 / 75
第六节　密度过高影响城市宜居性评价 / 78
第七节　创新活力总体评价较好 / 80
第八节　居民生活幸福感较高 / 83

第四章
城市体检工作展望

第一节　加强城市综合发展水平评价考核 / 88
第二节　强化城市体检与城市更新的衔接 / 88
第三节　进一步健全城市体检制度机制 / 89
第四节　推动城市体检的精细化 / 89

第五章
城市体检内容与方法

第一节　城市体检指标体系设计 / 92
第二节　第三方体检方法 / 96
第三节　城市自体检方法 / 101
第四节　社会满意度调查和评价 / 102

下篇　样本城市城市体检分析

第六章
华北地区城市

第一节　北京 / 118
第二节　天津 / 119
第三节　石家庄 / 120
第四节　唐山 / 121

第五节　太原　/　122

第六节　晋城　/　123

第七节　呼和浩特　/　124

第八节　包头　/　125

第七章
东北地区城市

第一节　哈尔滨　/　134

第二节　大庆　/　135

第三节　长春　/　136

第四节　四平　/　137

第五节　沈阳　/　139

第六节　大连　/　140

第八章
华东地区城市

第一节　上海　/　159

第二节　济南　/　160

第三节　青岛　/　161

第四节　东营　/　162

第五节　南京　/　163

第六节　徐州　/　164

第七节　合肥　/　165

第八节　亳州　/　166

第九节　杭州　/　167

第十节　宁波　/　168

第十一节　衢州　/　169

第十二节　福州　/　170

第十三节　厦门　/　171

第十四节　南昌　/　172

第十五节　赣州　/　173
第十六节　景德镇　/　174

第九章
华中地区城市

第一节　郑州　/　184
第二节　洛阳　/　185
第三节　武汉　/　186
第四节　黄石　/　187
第五节　长沙　/　188
第六节　常德　/　189

第十章
华南地区城市

第一节　广州　/　198
第二节　深圳　/　199
第三节　南宁　/　200
第四节　柳州　/　201
第五节　海口　/　202
第六节　三亚　/　204

第十一章
西南地区城市

第一节　重庆　/　215
第二节　昆明　/　216
第三节　临沧　/　217
第四节　贵阳　/　217
第五节　安顺　/　219
第六节　成都　/　220

第七节 遂宁 / 221
第八节 拉萨 / 222

第十二章
西北地区城市

第一节 西安 / 233
第二节 延安 / 234
第三节 兰州 / 235
第四节 白银 / 236
第五节 银川 / 237
第六节 吴忠 / 238
第七节 西宁 / 239
第八节 乌鲁木齐 / 240
第九节 克拉玛依 / 241

附录 2021年城市体检基本指标体系详解 / 243

上篇
城市体检总体分析与方法

第一章

城市体检总体评价

第一节　城市体检发现的突出问题

一、中心城区建设密度强度普遍偏高，绿色宜居城市建设仍需加强

1. 大城市建成区人口密度偏大、开发强度偏高

体检结果显示，在 59 个样本城市中，建成区人口密度大于 1.5 万人/平方公里的城市建设用地面积平均值达到 100.5 平方公里。超大、特大城市人口密度普遍偏高，19 个超大、特大城市该指标均值为 216.5 平方公里，23 个大城市均值为 72.2 平方公里；17 个中小城市该指标平均值为 9.2 平方公里，即使在常德、亳州等中小城市里，人口密度过高的问题也很突出。

共有 23 个样本城市建成区人口密度大于 1.5 万人/平方公里的城市建设用地面积超出了 100 平方公里，其中 15 个城市存在"双高"现象（即高密人口用地面积占城市建成区面积比例超过 25%），分别是：深圳、北京、广州、成都、武汉、西安、郑州、沈阳、长春、长沙、合肥、南宁、哈尔滨、石家庄、太原。上述 15 个城市的城市居民对城市人口密度的满意度也较低。

同时，样本城市中，仅 17% 的样本城市区域开发强度处于 20%~30% 区间内，超大、特大城市区域开发强度均值达到了 25.6%，其中深圳、郑州分别高达 60.3% 和 58.6%。

2. 高层建筑存量大，大量新建住宅建筑高度超过 80 米

据统计，2018 年以来全国在建、拟建的超过 250 米的建筑多达 166 处，高层建筑在成本、能耗、安全和环境等方面存在诸多问题。

根据遥感影像数据，59 个样本城市建成区建筑平均层数为 6 层，重庆、合肥、福州、武汉、成都等 8 个样本城市平均层数超过 8 层（24 米）；样本城市建成区高层住宅平均层数全部在 20 层以上，武汉、兰州、贵阳、重庆等 16 个样本城市高层建筑平均高度超过 80 米，表明高层建筑问题突出。其中新建高层住宅建筑问题更为显著，重庆、西安、武汉、长沙、广州、南宁 6 个城市 2020 年竣工的 80 米以上的新建住宅超过 300 栋，重庆达到了 699 栋。此外，在中小城市中此类问题也很突出，延安、赣州、柳州、景德镇等城市新建高层住宅有增多趋势。

3. 超大、特大城市组团连片无序发展，缺乏有效阻隔的生态廊道网络

城市体检显示，超大、特大、大城市中心组团规模普遍超出 50 平方公里，大城市生态廊道达标率指标普遍偏低。59 个样本城市中，建成区人口超过 500 万人的 17 个城市，其中心组团规模全部超过 50 平方公里；在建成区人口超过 100 万人的 42 个城市中，78.6% 的样本城市中心组团规模超过 50 平方公里。其中北京、重庆、沈阳、天津、西安、乌鲁木齐、太

原、长沙等城市出现了多个 100 平方公里以上的超大组团，西安市中心城区形成了连片建成区，超过了 500 平方公里；建成区人口在 100 万 -500 万人的城市中，只有厦门、兰州、徐州、洛阳、赣州、柳州、唐山、银川、西宁 9 个大城市空间布局相对较好。另外，样本城市生态廊道达标率平均值仅为 86.6%，达标率达到 100% 的城市仅 19 个，白银、济南、大连的城市生态廊道达标率甚至不足 50%。

4."双碳"目标任务重，绿色城市建设有差距

城市应对"碳达峰碳中和"响应不足，与"绿色城市"建设目标仍有差距。

一是城市"绿色发展"理念仍需加强。

城市体检结果显示，59 个样本城市的单位 GDP 二氧化碳排放平均降低 5.6%，根据《中华人民共和国国民经济和社会发展第十四个五年规划和 2035 年远景目标纲要》提出的到"十四五"末单位 GDP 二氧化碳排放累计下降 18% 的要求，以降低 3.6% 为年度目标，仍有 10 个样本城市未能满足要求，其中昆明、遂宁、晋城的单位 GDP 二氧化碳排放量较上一年度有所增加。

同时，根据社区抽样调查，样本城市社区低碳能源设施覆盖率平均值仅为 58.8%。乌鲁木齐、大庆、哈尔滨、呼和浩特等 13 个样本城市低于 30%，东北片区城市社区低碳能源设施覆盖率均值仅为 19.2%，中小城市城市社区低碳能源设施覆盖率普遍不足，城市"绿色发展"理念仍需加强。

二是城市基础设施运营管理过程中的节能减排仍需加强。

城市体检结果显示，城市生活垃圾资源化率不高。其中南昌、景德镇、大庆、延安、克拉玛依、呼和浩特、乌鲁木齐城市生活垃圾资源化利用率不足 40%。

同时，样本城市生活污水集中收集率偏低，再生水利用率不高。样本城市生活污水集中收集率均值为 77.1%，华南地区城市普遍偏低，其中，三亚该指标值不足 50%；城市再生水利用率均值为 28.7%，其中白银、拉萨、海口该指标值不足 10%。

三是亟待通过绿色建造技术推进建筑节能。

城市体检结果显示，59 个样本城市的新建建筑中星级绿色建筑占比平均值为 79.4%，中小城市绿色建筑占比较低，其中临沧、大庆城市新建建筑中绿色建筑占比不足 40%。

二、完整社区覆盖率不足，城市管理水平仍需提升

社区建设中短板突出，公共服务设施、生活服务设施不足，未实现社区人居环境的共建共治共享。

1. 完整居住社区覆盖率普遍不高，15 分钟生活圈服务配套设施仍不完善

2021 年城市体检指标体系中，新增加了"完整居住社区覆盖率"这一评价社区总体发展

的综合性指标，对样本城市的 9700 多个社区的公共服务设施、便民商业设施、社区基础设施、社区运动场地、社区物业管理、社区建设 6 个维度进行评价，数据分析显示，样本城市完整居住社区覆盖率普遍偏低，总体低于 50%，有 12 个样本城市低于 20%。

同时，重点对样本城市社区 15 分钟生活圈进行分析，样本城市内同时配备社区综合服务站、普惠性幼儿园、老年服务站、社区卫生服务站、中小学、公园绿地的社区数量占比，均值仅为 33.8%。

2. 老年服务站不足、人均社区体育场地偏低，是社区公共服务设施建设中的明显短板

体检结果显示，样本城市社区老年服务站覆盖率均值仅为 48.4%，特别是东北、华北地区城市老龄化现象突出，但社区老年服务站覆盖率均值与其他地区相比较低，分别仅为 33.8% 以及 42.9%。未来随着城市老龄化加剧，东北、华北地区城市社区养老服务设施建设短板亟需补齐。

在社区体育场地建设方面，样本城市社区人均体育活动场地均值为 0.24 平方米，低于《城市社区体育设施建设用地指标》提出的 0.30 平方米的标准。其中，超大、特大城市人均体育场地偏低，均值分别仅为 0.22 平方米及 0.23 平方米。

3. 社区物业管理不足问题突出

城市体检显示，样本城市社区物业管理普遍存在不足，居民满意度较低。通过对 59 个样本城市 9700 多个社区抽样调查，实施专业物业管理小区占比均值仅为 53.7%，39 个样本城市实施专业物业管理小区占比指标低于 60%。

4. 停车难问题仍然突出，街道停车管理不足

根据城市抽样街景影像识别，59 个样本城市街道车辆停放有序性占比均值仅为 34%。其中，超大、特大城市指标均值为 30%，大型城市指标均值为 33%，中小城市的指标结果略好于大城市，为 40.5%。此外，结合居民满意度调查发现，在城市停车满意度指标中，小汽车停车的方便性以及非/机动车管理平均满意度平均排名分别位于 65 名和 54 名，排名整体靠后。反映随着城市私人机动车辆使用的普及，机动车辆停放空间规划及停车管理应对不足。

三、城市韧性不足，安全韧性形势十分严峻

城市韧性设施系统建设不足，城市安全防控形势仍然十分严峻。

1. 城市可渗透地面面积比例较低，积水内涝点密度上升

根据遥感影像分析，59 个样本城市可渗透地面面积比例均值为 31.5%。根据《全球生态环境遥感监测 2020 年度报告》对高不透水城市的定义，有 46 个样本城市属于高不透水城市。

从区域划分来看，华北、华东、东北、华中地区城市可渗透地面面积均值均低于30%，其中华北地区尤为突出，仅为25.4%。

同时，样本城市内涝积水点密度均值为0.072个/平方公里，同比2020年样本城市均值提高了0.015个/平方公里。结合满意度调查发现，居民对城市内涝问题反映较强烈的城市，也主要集中于体检发现的内涝积水点密度较多的样本城市中。

2. 城市消防站覆盖率偏低，中小城市消防应急能力亟待提升

城市体检结果显示，59个样本城市标准消防站及小型普通消防站覆盖率均值为48.7%，普遍低于60%。从城市规模来看，超大城市消防站覆盖率均值为52.1%，中小城市仅为46.3%。超大、特大城市消防站覆盖率均值明显高于中小城市，中小城市消防应急等韧性基础设施建设存在短板。

3. 城市重要管网监测监控覆盖率较低，城市地下空间安全管理不足

城市体检结果显示，样本城市重要管网监测监控覆盖率均值为65.1%，17个样本城市的指标值低于50%。其中，银川、石家庄、西宁、白银的城市重要管网监测监控覆盖率低于20%。城市发展过程中，对地下空间的关注度仍需提高。

四、城市交通系统性不足，"幸福通勤"比例低

城市交通的系统性建设仍待加强，大城市"幸福通勤"仍难实现，中小城市绿色出行比例较低。

1. 大城市交通拥堵没有得到有效改善，通勤时间长问题突出

体检结果显示，样本城市建成区高峰期平均机动车速度为20.7公里/小时，其中上海、广州、深圳等23个样本城市低于20公里/小时。与2020年体检结果对比，建成区高峰期平均机动车速度下降2.5公里/小时，其中银川、西安、郑州等城市下降幅度较大。超大、特大城市早晚高峰交通拥堵现象没有得到改善，仍未实现城市快速干线交通、生活性集散交通和绿色慢行交通的顺畅衔接。

同时，大城市通勤时间长问题突出，城市内"幸福通勤"人口比例明显较低。59个样本城市常住人口平均单程通勤时间为35.6分钟，通勤距离小于5公里的人口比例（"幸福通勤"比例）普遍低于30%，均值仅为27.1%。其中，"幸福通勤"人口占比高于30%的城市大多数为中小城市，仅广州、深圳为超大城市。

2. 中小城市绿色交通占比较低，大城市自行车道不足

样本城市绿色交通出行分担率均值为73%，其中28个样本城市绿色交通出行占比不满

足 75% 的标准值。中小城市绿色出行比例相对较低。

样本城市专用自行车道密度均值为 0.97 公里 / 平方公里，其中天津、西安、南昌等城市问题尤其突出，均不足 0.55 公里 / 平方公里。

3. 城市步行系统建设不足，居民步行环境较差

城市体检显示，城市居民步行出行意愿逐步提高，选择步行作为主要出行方式的人口占比均值为 20.5%，较 2020 年提高了 3.1 个百分点。

但是城市步行系统建设存在短板，城市步行环境建设未能满足居民步行出行意愿。根据社区抽样调查，样本城市具有连续贯通步行道的社区数量占比均值仅为 75.7%。重庆、大连、乌鲁木齐、兰州、哈尔滨、长春、贵阳、遂宁、四平等城市居民步行出行意愿较高，但城市具有连续贯通步行道的社区数量占比不足 30%。同时，道路无障碍设施建设不足，哈尔滨、长春、乌鲁木齐、四平的道路无障碍设施设置率均不足 60%。

五、城市住房保障体系建设仍需加强，住房租赁市场管理亟需规范

1. 城市住房保障服务不足，居民住房支出占比较高

体检结果显示，根据城市购房、租房难易程度构建模型推导，样本城市常住人口住房保障服务覆盖率仅能达到 28.9%。其中，超大城市常住人口住房保障服务覆盖率仅为 20%，北京、上海、深圳住房保障服务短板明显。此外，样本城市住房支出超过家庭收入 50% 的城市家庭占比均值达到了 10.4%，从城市规模来看，大型城市该指标值达到了 11.6%，其次是特大城市，指标值为 9.9%。中小城市住房支出超过家庭收入 50% 的城市家庭占比最低，但仍有 9.3%。住房支出仍然是城市居民主要生活支出。

此外，居民满意度调查发现，与城市居民幸福感相关性最强的两项指标，分别是保障性住房建设情况以及住房租赁市场的规范程度。因此，完善住房保障体系建设，提高住房租赁市场规范化管理水平，是提升城市居民幸福感的重要抓手。

2. 居住在低品质住房的人口占比仍较高，城市更新助力城市人居环境建设任重而道远

体检结果显示，样本城市中居住在棚户区和城中村中的人口数量占比均值达到了 7.3%。其中超大城市均值达到了 17%，深圳、广州分别达到了 54.9% 及 28.2%。厦门、宁波、昆明、临沧、兰州等 9 城市该指标值在 10% 以上。小城市中，晋城占比最高，达到了 28.9%。城市低品质住房人口占比仍较高，以城市更新作为提升城市人居环境的重要抓手，提升城市居民生活幸福感的工作任重而道远。

六、大拆大建现象仍存在，历史风貌保护利用不足

部分城市在城市更新过程中，存在"大拆大建"的错误倾向，对城市特色风貌的塑造和历史建筑的活化利用认识不足、谋划不够。

1. 破坏城市历史风貌事件时有发生，粗放的开发建设方式在城市更新行动中屡见不鲜

体检结果显示，2020年，北京、重庆、西安等29个城市，出现了64起涉及城市历史风貌破坏负面事件。部分城市传统街区更新中存在成片集中拆除现状建筑、大肆砍伐古树名木、破坏传统风貌和街道格局、大规模新增建设规模等现象，不断加剧老城区交通、市政、公共服务、安全等设施承载压力。同时，还存在大规模搬迁原住民，破坏原有社会结构，割裂人、地和文化的关系等情况。

2. 城市历史街区和挂牌历史建筑总量仍较少

城市挂牌历史街区和历史建筑数量较少，城市历史文脉保护仍需加强。城市体检显示，截至2021年10月，样本城市挂牌历史建筑数量共10468个，但是59个样本城市万人挂牌历史建筑数均值仅为0.3个/万人；挂牌历史街区数量共305片。其中，59个样本城市中，仍有19个样本城市没有历史文化街区。

3. 城市历史街区和历史建筑的活化利用不足

城市体检结果显示，59个样本城市的城市历史文化街区保护修缮率和城市历史建筑空置率平均值分别为62.5%和14.6%。其中，亳州的城市历史建筑空置率高达86%，存在历史建筑脱管失修、修而未用、随意闲置的问题。结合居民满意度调查，四平、长春、呼和浩特的城市历史建筑空置率较高，同时，居民对城市历史建筑与传统民居的修复和利用的满意度也较低。

第二节 城市病原因分析

通过2021年城市体检中发现城市规划建设管理中的问题，结合当前城市工作，综合分析产生这些问题的原因，主要有以下4个方面的不足：

一、城市规划建设管理缺乏统筹，底线意识不强

2019年以来连续3年城市体检结果显示，全国城市空气环境、水环境质量有了明显的持续改善，城市大规模绿地建设带来人民群众的满意度、获得感明显提升。但是，一个城市是否生态、是否宜居，更要从城市整体布局出发，从城市生态学角度出发，保持合理的城市空间布局，保持合理的城市开发强度、适宜的人口密度。

2021年城市体检中暴露出的城市空间结构无序、人口密度偏大、开发强度偏高的问题，核心在于城市规划建设管理的系统性、科学性不够。城市建设过程中对规划不够重视，规划部门与建设部门沟通协调机制不畅，导致"组团式发展""生态城市"等规划理念没有得到认真执行，很多城市依然是摊大饼式发展；同时，缺乏足够的规划建设管理的统筹手段，城市体检作为新事物，各地方政府、各级领导对城市体检的重要性认识仍然不足，没有建立完善的城市体检机制，缺乏统筹城市规划、建设、管理的有效手段。

二、城市公共服务配套建设中重量轻质，精细化管理水平不高

第三方体检结果显示，样本城市完整居住社区覆盖率均值仅为49.5%，社区公共服务设施不足，"一老一小"的需求未得到充分保障，老旧小区改造达标率较低，严重影响城市高质量发展。居住社区是城市居民生活和城市治理的基本单元，是党和政府联系、服务人民群众的"最后一公里"。

首先，城市老龄化背景下，社区养老设施建设不足。随着我国人口结构变化，解决既有住区中高龄、失能、独居和空巢老年人的居住生活问题，建设老年宜居环境，成为急需破解的社会问题。很多城市自体检数据显示老年服务站覆盖率已经达到100%，但是社区抽样调查数据显示，样本城市社区老年服务站覆盖率均值仅为51.0%。究其原因，问题在于社区管理服务质量不足，真正能够提供助餐、短期托养、上门照护、紧急救援等良好服务的老年服务站不能满足居民需求。

其次，社区抚幼设施建设不足。随着国家鼓励生育的一系列相关政策出台，迫切需要社区抚幼设施的配套建设，儿童友好城市建设逐渐受到关注。第三方体检结果显示，样本城市拥有普惠性幼儿园的社区占比均值仅为65.2%，但部分样本城市自体检结果显示"十三五"期间已经全面完成普惠性幼儿园建设任务，可提供普惠性幼儿园学位数与居民需求比甚至已经超过100%。这反映出城市建设中，普惠性幼儿园布局的结构性问题，大量优质的教育资源布局在中心城区、老城区，城市周边组团、新城区社区抚幼设施普遍不足。

三、城市综合管理、韧性建设的整体性不足

城市安全涉及自然灾害、安全事故、公共卫生等方面。2021年以来，我国城市安全事故

频发，暴露出过去 20 年城市快速发展积累下来在规划建设管理各个环节的城市安全隐患问题，涉及城市防洪排涝、城市房屋安全、生命线安全、社区消防安全等多方面。

一是极端气候条件下城市安全韧性的压力剧增。2021 年"7·20"郑州特大暴雨事件，暴露出城市在应对极端灾害时，应急响应工作的系统性不足，城市韧性建设的整体性不足，城市智慧化管理手段支撑不足。基于遥感影像数据分析，样本城市可渗透地面面积比例均值仅为 31.2%，46 个样本城市属于高不透水面比例城市，我国城市快速城镇化发展下的隐患正逐步显现。

二是城市生命线关注不足，管理隐患较多。2021 年"6·13"十堰燃气泄漏爆炸事件等燃气安全事故，暴露出城市规划建设管理中，对重要管网管理不足、系统性不强，防灾减灾措施不力。第三方城市体检结果显示，仍有 15 个样本城市重要管网监测监控覆盖率不足 50%，其中 6 个样本城市该项指标不足 10%。城市发展长期"重地上轻地下""重建设轻管理"的观念，是影响城市安全韧性的主要原因。

三是社区消防预警管理滞后。2021 年 9 月 20 日，北京通州某小区充电电池爆炸事故，2021 年 10 月，沈阳、大连连续发生 4 起燃气泄漏爆炸事故，暴露出社区消防监测预警不足，社区充电设施严重不足等问题。第三方城市体检结果显示，样本城市社区低碳能源设施覆盖率仅为 58.7%。城市绿色交通将是未来的趋势，绿色交通工具充能储能的安全性是城市安全管理的新命题，社区层级的低碳能源设施建设保障与管理服务不可或缺。此外，样本城市标准消防站及小型普通消防站覆盖率均值仅为 48.7%，其中大连的指标值仅为 41.2%。城市消防站点覆盖率较低，社区消防管理环节的缺失，也成为影响城市安全韧性的重要因素。

综合分析，城市安全事故频发，暴露出我国当前城市管理手段仍然落后。大多数城市尚未建立跨部门的城市管理综合服务平台，尚未建立全市统一的城市管理服务机构，管理手段和管理理念落后，管理精细化、服务精准化不能满足新时期的要求。同时，城市管理投入不足，据测算，城市建成区基础设施、房屋建筑每平方公里已累计投入数十亿元，却不愿意再花千分之一的费用对城市进行数字化、智能化改造升级，提升管理效能和城市运行效率。

四、城市数字化、网络化、智能化建设系统性不足

一是城市数字化建设系统性、整体性不足。城市数字化缺乏高质量的顶层设计，碎片化的操作导致互联互通难、业务协同难、数据共享难，使系统和数据的"烟囱"越垒越高，各种系统之间割裂越来越严重，形成一个接一个的"信息孤岛"。二是城市基础设施数字化、智能化水平不高。大多数已建成投入使用的城市基础设施缺乏数字化、智能化能力，无法实时获取设施的健康状态和使用状态，道路塌陷、管网泄漏、桥梁垮塌事故时有发生。三是新型基础设施建设没有得到地方政府足够重视，尚没有可复制、可推广的投资建设运营模式。除合肥等个别城市外，城市基础设施运行、维护、管理状况未得到根本改善。

第二章

城市体检分项评价分析

第一节　生态宜居

生态宜居方面主要评价城市的大气、水、绿地等各类环境要素保护情况，以及城市资源集约节约利用情况，包括区域开发强度、组团规模等 15 项指标。

我国城市自然环境要素保护逐步向好。在空气环境质量保护方面，从对 2019 年 11 个样本城市连续 3 年的评估来看，样本城市空气质量整体提升。2021 年第三方体检结果显示，近半的样本城市已满足《中华人民共和国国民经济和社会发展第十四个五年规划和 2035 年远景目标纲要》（以下简称《"十四五"规划纲要》）提出的城市空气质量优良天数比率达到 87.5% 的目标，与 2020 年 36 个样本城市体检结果对比，样本城市空气质量优良天数比率提高 5.6 个百分点，近 90% 的样本城市空气质量优良天数比率有所提升。其中，华中地区城市空气质量改善最为明显，样本城市空气质量优良天数比率均值较 2020 年提升了 24.3 个百分点，洛阳和郑州提升幅度最大，分别提高 37.5 个和 28 个百分点。

在水环境质量保护方面，2021 年体检对样本城市水环境质量指标的评价标准由劣 V 类提升至 III 类。其中，克拉玛依、衢州、临沧、景德镇等中小城市已满足《"十四五"规划纲要》提出的"十四五"末地表水 III 类水达标率 85% 的要求。

在 2021 年新增的城市声环境质量评价方面，体检结果显示样本城市环境噪声达标地段覆盖率均值为 82%，超大、特大城市声环境质量问题较为突出。

2021 年第三方城市体检结果显示，城市的空间布局不合理、人口密度过高是影响我国城市高质量发展的关键问题。我国超大、特大、大城市普遍存在城市组团连片无序发展，组团间缺乏有效阻隔的生态廊道网络等问题。样本城市中心城区人口密度普遍偏大，59 个样本城市人口密度超过每平方公里 1.5 万人的城市建设用地规模均值为 100.5 平方公里，占样本城市建成区比例的均值为 22%。其中，19 个超大、特大城市指标均值高达 216.5 平方公里，15 个样本城市高密度建设用地占建成区比例超过了 25%，南宁、兰州、柳州等城市甚至高于 40%。

样本城市高层住宅建设问题也非常突出。基于遥感影像分析，样本城市建成区现状高层住宅平均层数达到 20 层以上，重庆、成都、上海、西安等城市建成区内现状高层住宅超万栋。样本城市 2020 年竣工的 80 米以上的新建住宅 5801 栋，其中重庆、武汉、广州、深圳、南京、厦门等城市均超过 200 栋，重庆高达 699 栋。此外，延安、景德镇等中等城市新建高层住宅有增多趋势，应给予关注。

居民满意度调查结果显示，中等城市生态宜居评价得分最高，达到 79 分；城市人口密度偏高、高层建筑数量过多，是影响居民对城市生态宜居满意度评价的主要因素。

一、区域开发强度

区域开发强度指标主要分析样本城市市辖区城市建成区面积占市辖区行政辖区总面积的比

例，评价城市整体生态环境质量，国际上通常将 30% 作为国土空间开发的上限。

第三方城市体检结果显示，59 个样本城市区域开发强度的平均值为 16.8%。参照《中国建设用地总量控制与差别化管理政策研究》等相关研究，确定区域开发强度在 20%~30% 较为适宜，深圳、郑州、武汉、合肥、上海等 9 个城市区域开发强度大于 30%，其中 5 个为超大、特大城市，深圳、郑州分别高达 60.3% 和 58.6%（图 2-1）。

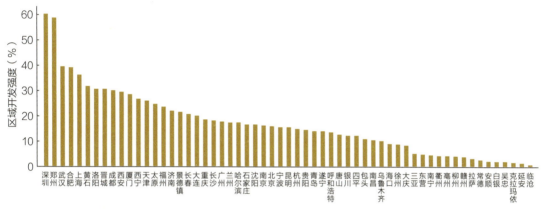

图 2-1 区域开发强度

二、组团规模

为防止城市"摊大饼"式发展，支撑高效有序、健康宜居的城市格局，城市组团规模不宜大于 50 平方公里。

第三方城市体检结果显示，超大、特大、大城市中心组团规模普遍超出 50 平方公里，建成区人口超过 500 万人的 17 个样本城市，其中心组团规模全部超出 50 平方公里；建成区人口超过 100 万人的 42 个城市中，33 个样本城市中心组团规模超出 50 平方公里。其中北京、天津、重庆、沈阳、西安、郑州等城市中心组团偏大；建成区人口在 100 万 ~500 万人的城市中，只有厦门、兰州、徐州、洛阳、赣州、柳州、唐山、银川、西宁 9 个大城市空间布局相对较好。

三、城市生态廊道达标率

生态廊道是指在城市组团之间用以控制城市扩展的绿色开敞空间。该指标指市辖区建成区内组团之间净宽度不小于 100 米的生态廊道长度，占城市组团间应设置的净宽度不小于 100 米且连续贯通生态廊道长度的百分比。

第三方城市体检结果显示，样本城市生态廊道达标率达到 100% 的城市有 21 个。大连、

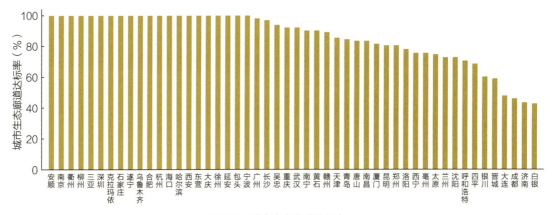

图 2-2　城市生态廊道达标率

成都、济南等城市组团间生态廊道达标率不足 50%，部分城市发展缺乏有效阻隔的生态廊道网络（图 2-2）。

四、人口密度超过每平方公里 1.5 万人的城市建设用地规模

人口密度指城市组团内各地段单位土地面积上的人口数量，该指标评估了市辖区建成区内人口密度超过每平方公里 1.5 万人的地段总占地面积。根据相关研究，个别地段人口密度最高不超过 1.5 万人/平方公里。

第三方城市体检结果显示，59 个样本城市的建成区人口密度超过每平方公里 1.5 万人的城市建设用地规模平均值达到 100.5 平方公里。19 个超大、特大城市该指标平均值为 216.5 平方公里，23 个大城市该指标平均值为 72.2 平方公里，17 个中小城市该指标平均值为 9.2 平方公里。超大、特大城市人口密度普遍偏高，常德、亳州、黄石等中小城市中心区人口过密问题也很突出。

59 个样本城市中，深圳、北京、广州、成都、武汉、西安、郑州、沈阳、长春、长沙、合肥、南宁、哈尔滨、石家庄、太原 15 个城市，建成区人口密度超过每平方公里 1.5 万人的城市建设用地规模超出 100 平方公里，与城市建成区的比例超过 25%，总量和占比呈现出"双高"现象（图 2-3）。

五、新建住宅建筑高度超过 80 米的数量

该指标采集了 2021 年样本城市市辖区建成区内竣工住宅建筑中高度超过 80 米的住宅建筑栋数。根据《城市居住区规划设计标准》GB 50180-2018 的要求，住宅建筑高度控制最大值为 80 米。根据相关研究，城市建设应严格控制高层建筑，新建住宅高度按 80 米控制。

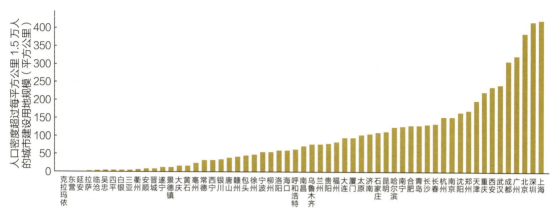

图 2-3　人口密度超过每平方公里 1.5 万人的城市建设用地规模

高层建筑在成本、能耗、安全和环境等方面存在诸多问题。59 个样本城市建成区建筑平均层数为 6 层，重庆、合肥、福州、武汉、成都等 8 个样本城市平均层数超过 8 层（24 米）；样本城市建成区高层住宅平均层数全部在 20 层以上，武汉、兰州、贵阳、重庆等 16 个样本城市高层住宅建筑平均高度超过 80 米。

第三方城市体检结果显示，样本城市新建高层住宅建筑问题突出，重庆、西安、武汉、长沙、广州、南宁、沈阳、深圳、南京、厦门 10 个城市 2020 年竣工的 80 米以上的新建住宅超过 200 栋，重庆达到 699 栋。此外，在中小城市中，延安新建住宅建筑高度超过 80 米的数量达到了 155 栋，中小城市高层住宅建筑建设问题不可忽视（图 2-4）。

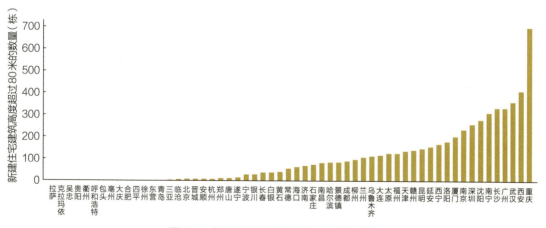

图 2-4　新建住宅建筑高度超过 80 米的数量

六、单位 GDP 二氧化碳排放降低

围绕《中共中央 国务院关于完整准确全面贯彻新发展理念做好碳达峰碳中和工作的意见》要求，2021 年城市体检增加了单位 GDP 二氧化碳排放降低指标，用于评估新时期城市生态文明建设情况。

第三方城市体检结果显示，59 个样本城市的单位 GDP 二氧化碳排放平均降低 5.6%，《"十四五"规划纲要》提出到"十四五"末单位 GDP 二氧化碳排放累计下降 18%，以目前减排速度测算，仍有 10 个样本城市难以达到"十四五"末减排目标，其中昆明、遂宁、晋城单位 GDP 二氧化碳排放量甚至较上一年度有所增加，城市低碳响应仍需加强（图 2-5）。

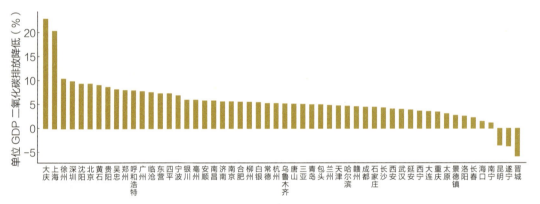

图 2-5　单位 GDP 二氧化碳排放降低

七、新建建筑中绿色建筑占比

新建建筑中绿色建筑占比，是指市辖区建成区内按照绿色建筑相关标准新建的建筑面积，占新建建筑总面积的百分比。2020 年 7 月，住房和城乡建设部、国家发展改革委等七部委印发的《绿色建筑创建行动方案》提出，到 2022 年，当年城镇新建建筑中绿色建筑面积占比达到 70%。

第三方城市体检结果显示，样本城市新建建筑中绿色建筑占比均值为 79.8%，16 个样本城市达到 100%，仍有 15 个样本城市未达到 70%，其中大庆、临沧低于 40%。超大、特大城市中，成都、西安的城市新建建筑中绿色建筑占比未达标（图 2-6）。

八、城市绿道服务半径覆盖率

城市绿道服务半径覆盖率，是指城市绿道 1 公里半径（步行 15 分钟或骑行 5 分钟）覆盖

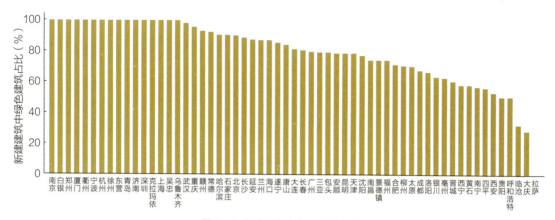

图 2-6　新建建筑中绿色建筑占比

的市辖区建成区居住用地面积，占市辖区建成区总居住用地面积的百分比。生态园林城市、园林城市建设标准对城市绿道服务半径覆盖率分别提出 80% 和 70% 的要求。

第三方城市体检结果显示，以 70% 为达标线，29 个样本城市未达标，其中天津、大庆的城市绿道服务半径覆盖率不足 20%。从区域看，东北地区城市绿道服务半径覆盖率普遍偏低，东北地区 6 个样本城市指标均值仅为 46%，城市绿色生活方式推广工作仍需加强（图 2-7）。

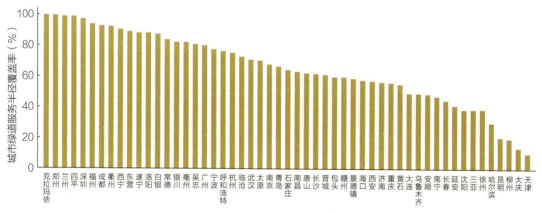

图 2-7　城市绿道服务半径覆盖率

九、公园绿地服务半径覆盖率

公园绿地服务半径覆盖率，是指市辖区建成区内公园绿地服务半径覆盖的居住用地面积，占市辖区建成区内总居住用地面积的百分比。其中，5000 平方米（含）以上公园绿地按照 500 米服务半径测算；2000~5000 平方米的公园绿地按照 300 米服务半径测算。《国家园林

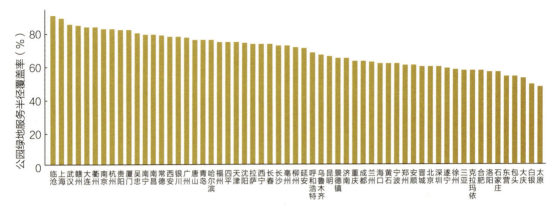

图 2-8　公园绿地服务半径覆盖率

城市标准》要求城市公园绿地服务半径覆盖率应达到 80%。

第三方城市体检结果显示，样本城市的公园绿地服务半径覆盖率均值为 70.7%，仍有 45 个样本城市未达到园林城市建设要求提出的 80% 标准。同时，对比 2020 年城市体检发现，国家生态园林城市中，南宁、郑州的公园绿地覆盖率略有下降，应引起重视（图 2-8）。

十、城市环境噪声达标地段覆盖率

城市环境噪声达标地段覆盖率，是指市辖区建成区内环境噪声达标地段面积，占建成区总面积的百分比，用于评估城市声环境质量。

第三方城市体检结果显示，样本城市环境噪声达标地段覆盖率均值仅为 82.6%，其中，达到城市环境噪声达标地段全覆盖的城市仅有 10 个，超大、特大城市环境噪声问题更为突出。值得注意的是，武汉、郑州、宁波、南宁等 8 个样本城市环境噪声达标地段覆盖率不足 60%，其中小城市中的亳州、延安不足 50%，城市声环境质量问题亟需得到关注（图 2-9）。

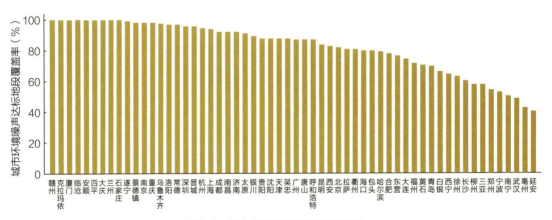

图 2-9　城市环境噪声达标地段覆盖率

十一、空气质量优良天数比率

空气质量优良天数，是指市域全年空气质量指数（AQI 指数）不大于 100 的天数，主要评价城市空气环境质量。《"十四五"规划纲要》提出，到"十四五"末，城市空气质量优良天数比率应达到 87.5%。

第三方城市体检结果显示，42 个样本城市满足全年空气质量优良天数比率达到 80%，其中有 27 个样本城市已经达到《"十四五"规划纲要》提出的要求。同时，与 2020 年样本城市相比，空气质量优良天数比率平均值提升 5.6 个百分点，城市空气质量总体优良。但同时也应注意到，我国华北地区城市空气环境质量仍需加强，8 个华北地区样本城市的指标均值仅为 69.6%，其中石家庄空气质量优良天数比率不足 60%（图 2-10）。

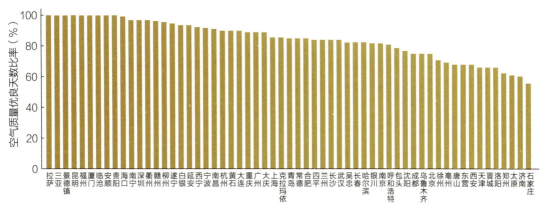

图 2-10　空气质量优良天数比率

十二、地表水达到或好于 Ⅲ 类水体比例

地表水达到或好于 Ⅲ 类水体比例主要分析市域水体水环境质量优于 Ⅲ 类的断面数量占市域水体总断面数的比例。《"十四五"规划纲要》要求该项指标到"十四五"末达到 85%。

第三方城市体检结果显示，样本城市地表水达到或好于 Ⅲ 类水体比例均值为 58.5%。其中，克拉玛依、衢州、临沧、景德镇、常德 5 个样本城市达到《"十四五"规划纲要》提出的 85% 的要求。中小城市水环境质量较好，超大、特大城市水环境质量普遍较差，19 个超大、特大样本城市地表水达到或好于 Ⅲ 类水体比例均值仅为 47.8%，其中广州、深圳分别为 16.1%、22.2%，城市水环境质量提升任重道远（图 2-11）。

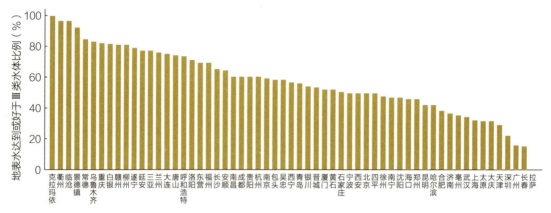

图 2-11　地表水达到或好于Ⅲ类水体比例

十三、城市生活污水集中收集率

城市生活污水集中收集率主要分析市辖区建成区内通过集中式和分散式污水处理设施收集的生活污染物量占生活污染物排放总量的比例，主要评价城市生活污水管理能力。《城镇污水处理提质增效三年行动方案》的 36 个重点城市的平均值为 70%，中国人居环境奖评优标准为 95%。

第三方城市体检结果显示，12 个样本城市生活污水集中收集率高于 95%，但仍有 16 个样本城市低于 70%，样本城市指标均值仅为 77.3%。其中，超大、特大城市该项指标均值为 86.4%，大城市均值为 74.5%，中小城市均值仅为 70.4%，城市生活污水集中收集率与城市规模呈显著的正相关性（图 2-12）。

我国城市污水集中收集率逐步提高，2021 年样本城市污水集中收集率平均较 2020 年提

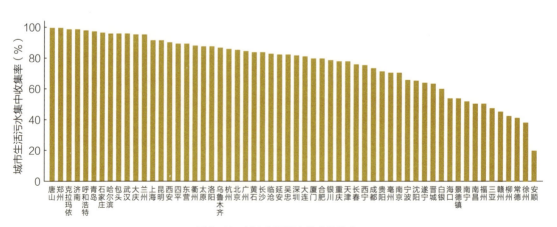

图 2-12　城市生活污水集中收集率

升了 7.5 个百分点。其中，黄石、济南、武汉的城市污水集中收集率增幅均达到 40 个百分点以上。但是成都、银川、长春、海口、景德镇等 11 个城市存在指标值下降的情况，其中海口、景德镇的指标值连续 2 年低于 60%，反映城市生活污水管理水平仍需提高。

十四、再生水利用率

再生水利用率，是指市辖区建成区内城市污水再生利用量，占污水处理总量的百分比，用于评估城市绿色发展水平。2021 年《关于推进污水资源化利用的指导意见》（发改环资〔2021〕13 号）指出，到 2025 年，全国地级及以上缺水城市再生水利用率达到 25% 以上，京津冀地区达到 35% 以上。

第三方城市体检结果显示，样本城市再生水利用率均值仅为 29.2%，25 个样本城市低于 25%。其中，中小城市的均值仅为 22.1%，西北地区市均值仅为 19.5%。体检结果反映我国污水资源化利用尚处于起步阶段，发展不充分不平衡，利用量不大、利用率较低，利用水平总体不高，城市"第二水源"建设不足（图 2-13）。

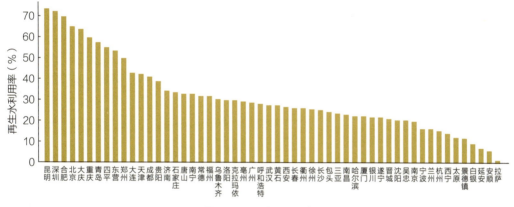

图 2-13 再生水利用率

十五、城市生活垃圾资源化利用率

城市生活垃圾资源化利用率，是指市辖区建成区内城市生活垃圾中物质回收利用和能源转化利用的总量占生活垃圾产生总量的百分比，主要评价城市生活垃圾管理能力。2017 年国务院办公厅转发的《生活垃圾分类制度实施方案》中明确提出"实行生活垃圾强制分类的城市"2020 年城市生活垃圾资源化利用率应达到 35%。

第三方城市体检结果显示，已有 50 个样本城市生活垃圾资源化利用率达到或超过 35%，城市生活垃圾资源化利用工作取得阶段性成效，南昌、延安、乌鲁木齐、克拉玛依、呼和浩特、柳州 6 个城市生活垃圾资源化利用率较低，仍需进一步加强（图 2-14）。

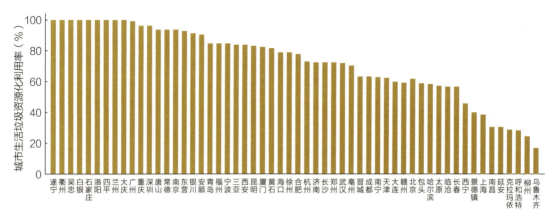

图 2-14 城市生活垃圾资源化利用率

第二节 健康舒适

健康舒适方面主要评价城市社区服务设施配套、社区管理，以及居民健身场地设施建设等情况，包括完整居住社区覆盖率、社区便民商业服务设施覆盖率等 8 项指标。

2020 年，《住房和城乡建设部等部门关于开展城市居住社区建设补短板行动的意见》提出，到 2025 年，基本补齐既有居住社区设施短板，新建居住社区同步配建各类设施的工作目标。第三方城市体检结果显示，样本城市完整居住社区覆盖率均值为 49.5%。根据社会满意度调查结果，完整居住社区建设、老旧小区改造、社区公共服务设施配套等指标是影响居民幸福感的重要因素。

具体来看，一是随着我国人口结构变化，解决既有住区高龄、失能、独居和空巢老年人的居住生活困难及老年宜居环境建设，成为亟需解决的社会问题。2021 年城市体检结果显示，虽然社区老年服务站覆盖率较 2020 年提高了 4 个百分点，但社区养老设施仍然不足，样本城市社区老年服务站覆盖率均值仅为 51%。其中，东北地区样本城市社区老年服务站覆盖率较低，均值仅为 36.6%，大庆甚至不足 20%。居民满意度调查显示，居民对社区老年食堂等服务建设情况满意度较低，仅为 68 分。二是随着国家鼓励生育的一系列相关政策出台，社会将迎来对社区抚幼设施的巨大需求，儿童友好城市建设将愈发迫切。第三方体检结果显示，样本城市拥有普惠性幼儿园的社区占比均值仅为 65.2%，其中东北地区城市拥有普惠性幼儿园的社区占比较低，哈尔滨甚至不足 30%。社区抚幼设施的短缺是影响居民生活幸福感的重要原因之一。

在社区健康体育服务建设方面，样本城市社区卫生服务中心门诊分担率均值较 2020 年体检结果仅提升 0.3 个百分点，社区卫生服务能力仍需加强。人均社区体育场地面积与 2020 年体检结果基本持平，59 个样本城市中，仍有 43 个样本城市未能满足《城市社区体育设施建设用地指标》提出的室外 0.3 平方米 / 人的标准。在社区低碳建设响应方面，仅三亚的社区低碳能源设施建设达到全覆盖，包头、唐山、延安、克拉玛依、大庆等资源型城市社区低碳能源设施覆盖率均不足 50%，居民满意度调查也发现，社区充电桩建设是社区建设方面居民最不满意的指标，社区低碳设施建设短板亟待补齐。

在社区配套设施建设中，社区便民商业服务设施建设较好，2021 年第三方城市体检结果显示，59 个样本城市社区便民商业服务设施覆盖率均值达到 94.9%，39 个样本城市达到 95% 以上。在满意度调查中，居民对购物设施等的评价也一直排名靠前。

一、完整居住社区覆盖率

2021 年城市体检新增的完整居住社区覆盖率指标，主要分析市辖区建成区内达到《完整居住社区建设标准（试行）》的居住社区数量占居住社区总数的百分比，主要评价完整居住社区建设情况。

第三方城市体检结果显示，根据完整居住社区建设所需的社区商业配套设施、养老抚幼设施以及学校、公园绿地服务是否齐全为标准，样本城市 15 分钟生活圈内具有以上设施的居住社区覆盖率均值为 49.5%，天津、东营、乌鲁木齐等 12 个样本城市该指标值低于 35%（图 2-15）。到"十四五"末，社区 15 分钟生活圈服务设施配套达标率比 2020 年提升 20 个百分点，我国城市功能完善和社区补短板工作任重道远。

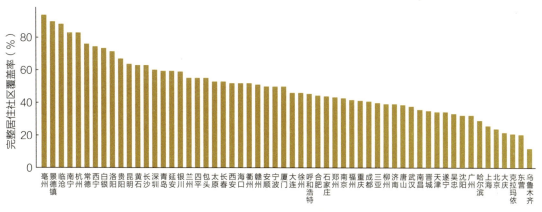

图 2-15　完整居住社区覆盖率

二、社区便民商业服务设施覆盖率

社区便民商业服务设施覆盖率是指市辖区建成区内有便民超市、便利店、快递点等公共服务设施的社区数占社区总数的百分比。根据《城市居住区规划设计标准》GB 50180—2018，

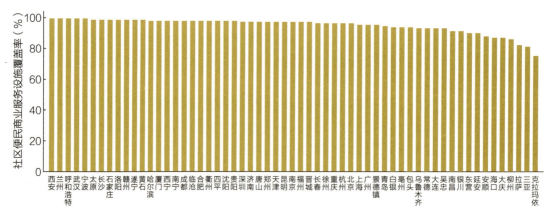

图 2-16　社区便民商业服务设施覆盖率

社区便民商业服务设施为城市居住区应配建项目。

第三方城市体检结果显示，样本城市社区便民商业服务设施覆盖率均值为 94.9%，社区便民服务设施建设较好，39 个样本城市达到 95% 以上（图 2-16）。

三、社区老年服务站覆盖率

社区老年服务站覆盖率是指市辖区建成区内建有社区老年服务站的社区数占社区总数的百分比，主要评价社区养老设施建设情况。《民政部关于进一步扩大养老服务供给　促进养老服务消费的实施意见》（2019 年）提出，到 2022 年力争所有街道至少建有一个具备综合功能的社区养老服务机构。

社区抽样调查结果显示，样本城市拥有社区老年服务站的社区占比均值仅为 51%。其中，东北、华北地区城市老龄化现象突出，但社区老年服务站覆盖率均值与其他地区相比较低，分别仅为 36.6%、44.6%，其中大庆的社区老年服务站覆盖率低于 15%（图 2-17）。未来随

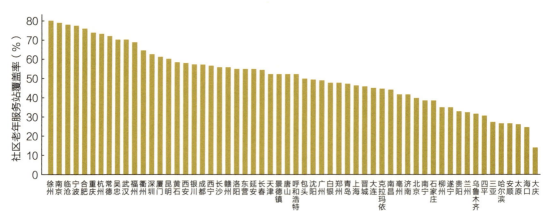

图 2-17　社区老年服务站覆盖率

着城市老龄化加剧，东北、华北地区城市社区养老服务设施建设短板亟需补齐。

四、普惠性幼儿园覆盖率

第三方城市体检对普惠性幼儿园覆盖率的分析，主要根据市辖区有公办幼儿园和普惠性民办幼儿园的社区数占市辖区社区数的比例来计算，用以评价城市抚幼服务情况。

根据社区抽样调查数据，样本城市拥有普惠性幼儿园的社区数量占比均值为65.2%。从城市规模看，中小城市平均为72.1%，大城市平均为64.7%，特大城市平均为61.1%，超大城市平均仅为58.1%（图2-18）。

从区域层面看，东北地区样本城市普惠性幼儿园覆盖率普遍偏低，占比均值仅为46.9%。结合老年服务站来看，东北地区城市养老抚幼设施建设亟需补齐短板。

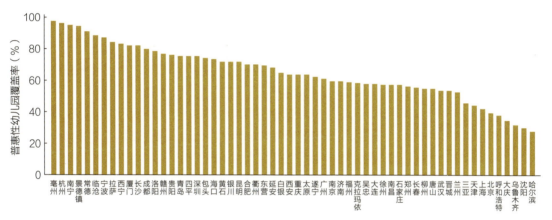

图2-18 普惠性幼儿园覆盖率

五、社区卫生服务中心门诊分担率

社区卫生服务中心门诊分担率是指市辖区建成区内社区卫生服务机构门诊量占总门诊量的百分比，主要评价城市基层医疗服务、健康社区建设情况。

《2020—2026年中国基层医疗卫生机构行业市场运行格局及战略咨询研究报告》显示，2019年乡镇卫生院和社区卫生服务中心（站）门诊量达20.3亿人次，比上年增加1.1亿人次，乡镇卫生院和社区卫生服务中心（站）门诊量占门诊总量的23.3%。第三方城市体检结果显示，2021年59个样本城市建成区社区卫生服务中心门诊分担率均值仅为18.7%，38个样本城市低于20%，其中13个样本城市不足10%（图2-19）。

从城市规模看，超大、特大城市社区卫生服务中心门诊分担率较高，均值达到23.4%，大城市均值为18.7%，而中小城市均值仅为13.2%；从区域层面看，华北、华东地区较好，均值分别达到21.9%、21.8%，东北地区较低，均值仅为10.4%。

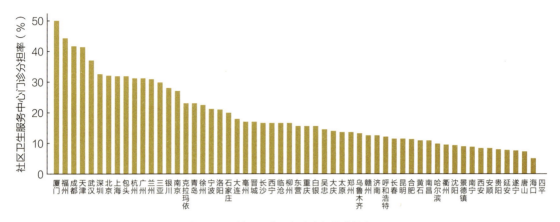

图 2-19 社区卫生服务中心门诊分担率

六、人均社区体育场地面积

人均社区体育场地面积主要评价社区体育服务设施、健康社区建设情况。《城市社区体育设施建设用地指标》指出，社区室外运动场地不低于 0.3 平方米／人。

第三方城市体检结果显示，样本城市社区体育场地面积均值为 0.24 平方米／人，43 个样本城市未达到 0.3 平方米／人，我国城市社区体育场地建设仍需加强。从城市规模看，大城市人均社区体育场地面积较高，中小城市与超大、特大城市人均社区体育场地面积不足。从区域看，西南地区样本城市社区体育场地面积均值仅为 0.14 平方米／人（图 2-20）。

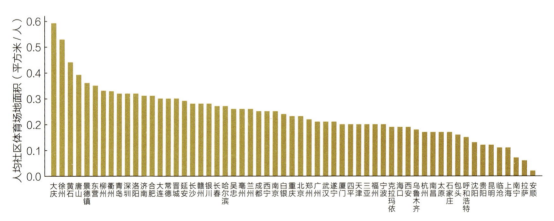

图 2-20 社区体育场地面积

七、社区低碳能源设施覆盖率

社区低碳能源设施覆盖率是指市辖区建成区内配备充电站（桩）、换电站、分布式能源站等低碳能源设施的社区数量占社区总数的百分比，主要评价社区安全和低碳社区建设情况。

《国家发展改革委等部门关于进一步提升电动汽车充电基础设施服务保障能力的实施意见》（发改能源规〔2022〕53号）提出，新建居住社区要落实100%固定车位预留充电桩建设安装条件。围绕做好碳达峰碳中和工作要求，社区低碳能源设施建设迫在眉睫。第三方城市体检结果显示，样本城市社区低碳能源设施覆盖率均值为58.7%，只有三亚达到100%，21个样本城市不足50%。其中，资源型城市社区低碳能源设施覆盖率普遍较低，大庆、克拉玛依分别为10.3%和18.5%，城市低碳绿色发展响应不足（图2-21）。

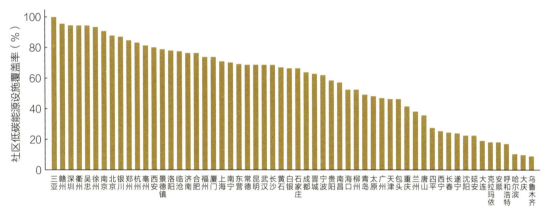

图2-21 社区低碳能源设施覆盖率

八、新建住宅建筑密度超过30%的比例

新建住宅建筑密度超过30%的比例是指市辖区建成区内新建住宅建筑密度超过30%的居住用地面积占全部新开发居住用地面积的百分比，用于评价城市高密度开发情况。

第三方城市体检结果显示，样本城市新建住宅建筑密度超过30%的比例均值为10.6%。样本城市间差异较大，25个样本城市不存在新建住宅建筑密度超过30%的居住用地，但深圳、贵阳、郑州、武汉4个城市指标值大于50%，深圳更是高达96.3%。19个超大、特大城市中，仅成都、大连、杭州、青岛、济南5个城市新建住宅建筑密度控制较好（图2-22）。

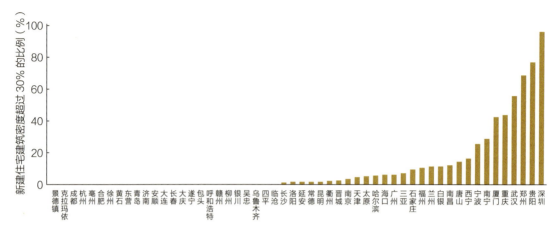

图 2-22　新建住宅建筑密度超过 30% 的比例

第三节　安全韧性

安全韧性方面主要评价城市应对公共卫生事件、自然灾害、安全事故的风险防御水平，以及快速恢复能力，包括城市内涝积水点密度、城市可渗透地面面积比例、城市道路交通事故万车死亡率、城市年安全事故死亡率、人均避难场所面积、城市二级及以上医院覆盖率、城市标准消防站及小型普通消防站覆盖率 7 项指标。

《"十四五"规划纲要》对韧性城市建设提出了明确要求。2021 年城市体检针对城市防洪排涝、生命线安全、社区消防、城市公共卫生等方面开展评估。

第三方城市体检结果显示，超大、特大城市安全韧性短板主要体现在城市内涝问题、海绵城市建设及公共卫生防控能力建设等方面。其中，超大、特大城市可渗透地面面积比例仅为 29.1%；华北城市问题最为突出，可渗透地面面积比例均值仅为 25.5%，城市建设存在过度硬质铺装问题。城市二级及以上医院覆盖率低于 70% 的样本城市仍有 31 个，结合居民满意度调查发现，就医难仍是居民反映强烈的城市问题，其满意度得分仅为 66 分。以上短板反映了我国超大、特大城市在城市规划建设管理方面的系统性、整体性存在不足。

中小城市安全韧性短板主要体现在交通安全、安全事故管理不力，以及城市避难场所建设不足、城市消防站覆盖率较低等方面。其中，中小城市年安全事故死亡率均值为 0.2 人/万人，城市标准消防站及小型普通消防站覆盖率仅为 46.3%，过半中小城市标准消防站及小型普通消防站覆盖率不足 50%，中小城市安全设施建设存在短板，城市管理过程中，数字化、智能化手段的支撑不足。

一、城市内涝积水点密度

城市内涝积水点密度，是指市辖区建成区内常年出现积水内涝现象的地点数量占市辖区建成区面积的比例，用于评价城市积水内涝问题。

《国务院办公厅关于加强城市内涝治理的实施意见》（国办发〔2021〕11号）指出，到2025年，城市历史上严重影响生产生活秩序的易涝积水点应全面消除，新城区不再出现"城市看海"现象。第三方城市体检结果显示，样本城市内涝积水点密度均值为0.07个/平方公里，15个样本城市为0.1个/平方公里（图2-23）。从绝对数量看，深圳、天津、大连、昆明、广州等城市建成区内常年出现积水内涝现象的地点数量均高于50处，其中深圳达到了162处，超大、特大城市的防洪排涝任务仍十分艰巨。

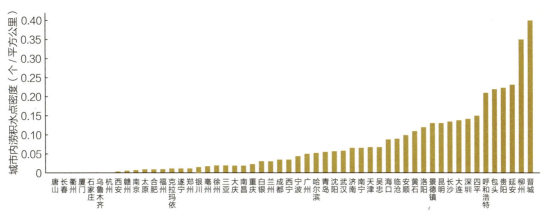

图2-23 城市内涝积水点密度

二、城市可渗透地面面积比例

城市可渗透地面面积比例，是指城市市辖区建成区内具有渗透能力的地表（含水域）面积，占建成区面积的百分比，用于反映海绵城市及内涝积水治理等情况。

依据《全球生态环境遥感监测2020年度报告》，城市透水面积比例小于38%的为高不透水面比例城市。第三方城市体检结果显示，59个样本城市可渗透地面面积比例均值为31.2%，46个样本城市小于38%。从城市规模看，中小城市可渗透地面面积比例为35.7%，大城市为29.6%，超大、特大城市仅为29.1%（图2-24）。

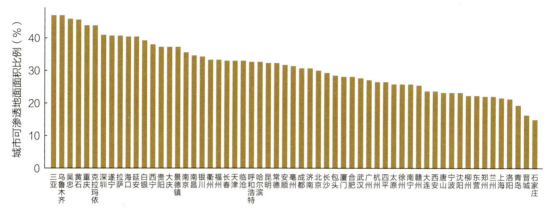

图 2-24　城市可渗透地面面积比例

三、城市道路交通事故万车死亡率

城市道路交通事故万车死亡率，是指市辖区每年因道路交通事故死亡的人数与市辖区机动车保有量的比值，国家畅通工程评价标准将 2~5 人/万车评价为一等。

第三方城市体检结果显示，样本城市道路交通事故万车死亡率均值为 1.4 人，41 个样本城市低于 2 人/万车，其中福州、武汉、深圳、成都等 18 个城市低于 1 人/万车（图 2-25）。虽然近年来我国城市道路交通事故万车死亡率不断下降，但是样本城市平均值仍高于日本的 0.77 人/万车。

按城市规模来看，中小城市道路交通事故万车死亡率均值偏高，为 1.87 人/万车，大城市及超大、特大城市均值低于 1.3 人/万车，中小城市交通安全管理亟需提高。

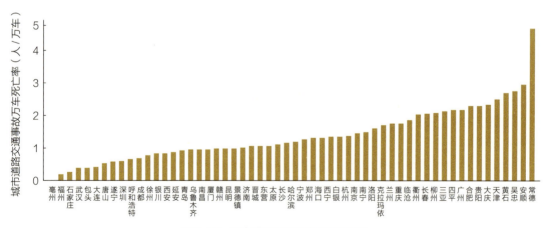

图 2-25　城市道路交通事故万车死亡率

四、城市年安全事故死亡率

城市年安全事故死亡率，是指市辖区内每年因道路塌陷、内涝、管线泄漏爆炸、楼房垮塌、安全生产等死亡人数与市辖区常住人口的比例。

第三方城市体检结果显示，样本城市年安全事故死亡率均值为 0.19 人/万人。从城市规模来看，超大、特大城市均值为 0.15 人/万人，而中小城市、大城市均值超过 0.2 人/万人，反映中小城市、大城市需加强安全事故管理（图 2-26）。

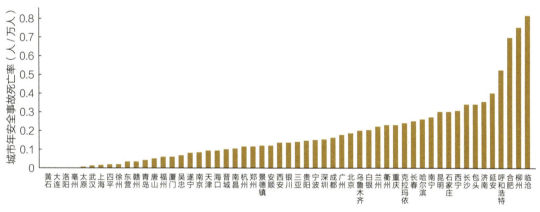

图 2-26 城市年安全事故死亡率

五、人均避难场所面积

人均避难场所面积，是指市辖区建成区常住人口人均拥有的避难场所面积，主要评价城市应对各类灾害及事故的能力。按照《地震应急避难场所场址及配套设施》GB 21734—2008 的要求，人均避难场所面积应大于 1.5 平方米/人。按应急管理部 2019 年标准对城市避难空间的系列要求，测算了公园、体育场、学校操场总面积。

第三方城市体检结果显示，59 个样本城市人均避难场所面积达到 2.87 平方米/人。其中，遂宁、大连、深圳达到了 6 平方米/人以上，但是仍有 12 个样本城市低于标准要求。

从城市规模看，人均避难场所面积与城市规模显著正相关，超大、特大城市人均避难场所面积均值达到 3.40 平方米/人，大城市为 2.99 平方米/人，中小城市则仅为 2.13 平方米/人（图 2-27）。

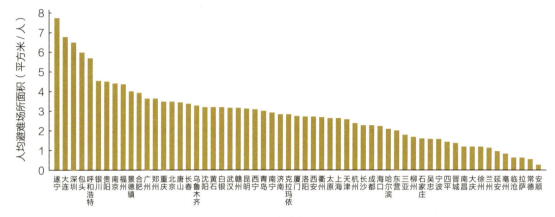

图 2-27　人均避难场所面积

六、城市二级及以上医院覆盖率

城市二级及以上医院覆盖率，是指市辖区建成区内城市二级及以上医院 4 公里（公交 15 分钟可达）服务半径覆盖的建设用地面积，占建成区面积的百分比，用于评价医疗设施建设数量及空间布局合理性。

第三方城市体检结果显示，59 个样本城市二级及以上医院覆盖率均值为 72.3%，相较 2020 年体检样本城市均值提升了 4.2 个百分点。其中，晋城、柳州、四平 3 个城市基本达到全覆盖，但徐州、宁波、长春、乌鲁木齐、吴忠、三亚等 31 个样本城市低于 70%。

从城市规模看，中小城市城市二级及以上医院覆盖率较高，均值达到 75.6%，大城市均值为 74.2%，而超大、特大城市均值仅为 67.1%，超大、特大城市在城市医疗设施建设数量及空间布局合理优化方面仍需加强（图 2-28）。

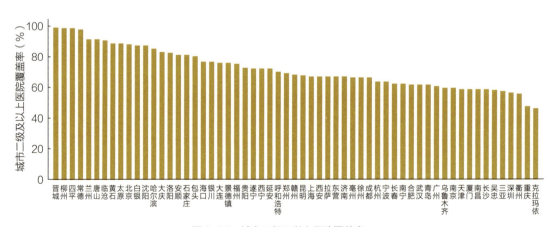

图 2-28　城市二级及以上医院覆盖率

七、城市标准消防站及小型普通消防站覆盖率

城市标准消防站及小型普通消防站覆盖率，是指市辖区建成区内标准消防站（7平方公里责任区/5分钟可达）及小型普通消防站（4平方公里责任区）覆盖的建设用地面积，占建成区面积的百分比。

第三方城市体检结果显示，59个样本城市标准消防站及小型普通消防站覆盖率均值仅为48.7%，其中柳州、西宁、临沧等7个城市较高，在60%~70%之间，晋城、吴忠等11个城市低于40%。

从城市规模看，超大、特大城市标准消防站及小型普通消防站覆盖率均值为51.3%，大城市均值为48.3%，而中小城市均值仅为46.3%（图2-29）。可见我国城市消防设施建设数量及空间规划布局存在不足，尤其中小城市韧性建设问题更为突出。

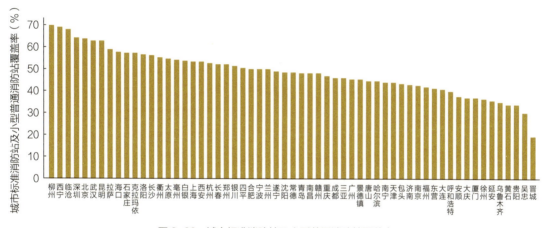

图2-29 城市标准消防站及小型普通消防站覆盖率

第四节 交通便捷

交通便捷方面主要评价城市交通系统整体水平，包括建成区高峰期平均机动车速度、城市道路网密度、城市常住人口平均单程通勤时间、通勤距离小于5公里的人口比例、轨道站点周边覆盖通勤比例、绿色交通出行分担率、专用自行车道密度7项指标。

第三方城市体检结果显示，样本城市绿色交通出行分担率整体较好，53个样本城市达到或超过60%，31个样本城市达到或超过优秀值（75%）。样本城市的城市常住人口平均单程通勤时间平均值为32.7分钟。

但整体来看，交通拥堵、停车难、出行难的问题依然严峻。一是样本城市高峰期平均机动

车速度较低,均值仅为 20.7 公里 / 小时,其中北京、上海、广州、深圳等超大城市市辖区建成区高峰期平均机动车速度低于 20 公里 / 小时。与 2020 年第三方体检结果相比,样本城市高峰期平均机动车速度整体下降了 0.5 公里 / 小时,郑州、西安、沈阳、长沙等城市降幅均在 20% 以上,大城市交通拥堵没有得到有效改善。二是城市专用自行车道建设不足,样本城市专用自行车道密度普遍低于 2 公里 / 平方公里,平均值仅为 0.97 公里 / 平方公里,城市骑行友好建设仍需加强。

居民满意度调查结果显示,居民对城市交通便捷满意度为 76.5 分,在 8 大方面中排名第五。居民最不满意的是停车问题,满意度得分仅为 66 分。

一、建成区高峰期平均机动车速度

建成区高峰期平均机动车速度,是指市辖区建成区内高峰期各类道路上各类机动车的平均行驶速度,用于评价城市交通通畅性。

第三方城市体检结果显示,样本城市的市辖区建成区高峰期平均机动车速度为 20.7 公里 / 小时,深圳最低,仅为 17.2 公里 / 小时。此外,超大城市中,北京、上海、广州市辖区建成区高峰期平均机动车速度低于 20 公里 / 小时。大庆、吴忠、克拉玛依 3 个城市的建成区高峰期平均机动车速度高于 25 公里 / 小时,克拉玛依最高,达到 27.4 公里 / 小时(图 2-30)。

从城市规模看,中小城市优于大城市,大城市则优于超大、特大城市。17 个中小城市平均值为 21.7 公里 / 小时,23 个大城市平均值为 20.8 公里 / 小时,19 个超、特大城市的平均值为 19.7 公里 / 小时,其中仅有 6 个城市能达到 20 公里 / 小时以上。

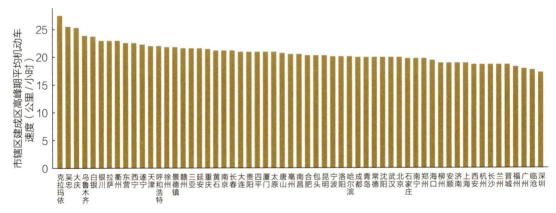

图 2-30 市辖区建成区高峰期平均机动车速度

二、城市道路网密度

城市道路网密度，是指市辖区建成区主干、次干、支路城市道路长度与市辖区建成区面积的比例。根据《中共中央 国务院关于进一步加强城市规划建设管理工作的若干意见》，城市建成区平均道路网密度提高到 8 公里/平方公里即为达标。

样本城市市辖区建成区道路网密度均值为 4.7 公里/平方公里，59 个样本城市中，市辖区建成区道路网密度超过 6 公里/平方公里的样本城市数量占比不足 10%（图 2-31）。

从城市规模看，超大、特大城市与中小城市略好于大城市。19 个超大、特大城市及 17 个中小城市的道路网密度平均值为 4.8 公里/平方公里，23 个大城市的平均值为 4.5 公里/平方公里。

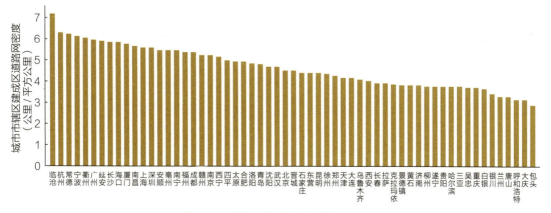

图 2-31　城市市辖区建成区道路网密度

三、城市常住人口平均单程通勤时间

城市常住人口平均单程通勤时间，参照中国人居环境奖标准和《全国主要城市通勤监测报告（2020）》，超大城市不超过 45 分钟，特大城市不超过 40 分钟，大城市不超过 35 分钟，中小城市不超过 32 分钟视为达标；超大城市不超过 40 分钟，特大城市不超过 35 分钟，大城市不超过 32 分钟，中小城市不超过 30 分钟视为优秀。

第三方城市体检结果显示，样本城市的城市常住人口平均单程通勤时间平均值为 32.7 分钟。其中，北京常住人口平均单程通勤时间最长，为 44.0 分钟。超大城市常住人口平均单程通勤时间均值为 37.8 分钟，特大城市均值为 35.6 分钟，大城市均值为 32.4 分钟，中小城市均值为 29.0 分钟。

从城市规模来看，超大城市中，北京、上海的城市常住人口平均单程通勤时间均在 40 分钟以上，特大城市中仅 1/3 的样本城市达到优秀值，大城市中达到优秀标准的样本城市仅占七成，中小城市通勤时间较好，近九成的样本城市达到了优秀标准（图 2-32）。

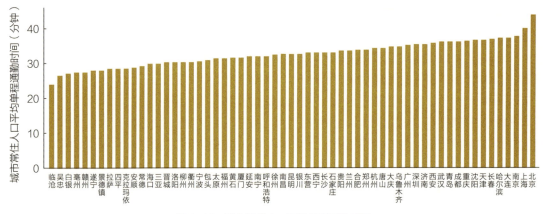

图 2-32　城市常住人口平均单程通勤时间

四、通勤距离小于 5 公里的人口比例

通勤距离小于 5 公里的人口比例，是指市辖区内常住人口中通勤距离小于 5 公里的人口数量占市辖区内全部通勤人口数量的比例。参考《全国主要城市通勤监测报告（2020）》，划定超大城市不低于 48%，特大城市不低于 50%，大城市不低于 55%，中小城市不低于 60% 视为达标。

样本城市的通勤距离小于 5 公里的人口比例平均值为 27.1%，均未达标。从城市规模来看，超大城市平均值为 23.7%，特大城市平均值为 24.3%，大城市平均值为 26.8%，中小城市平均值为 31.0%。具体来看，三亚、白银和拉萨在样本城市中表现较好，分别为 37.0%、37.5% 和 39.3%，而上海和北京的指标值较低，分别为 17.0% 和 19.1%（图 2-33）。

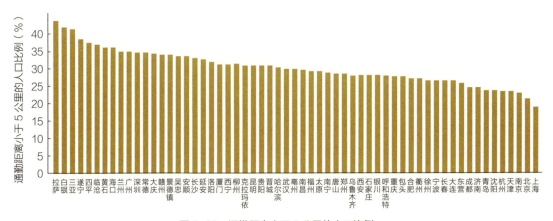

图 2-33　通勤距离小于 5 公里的人口比例

五、轨道站点周边覆盖通勤比例

轨道站点周边覆盖通勤比例，是指市辖区内轨道站点 800 米范围覆盖的轨道交通通勤量占城市总通勤量的比例。参考《全国主要城市通勤监测报告（2020）》和《上海市新城规划建设导则》，划定超大城市不低于 25%、特大城市不低于 13%、大城市不低于 5% 为达标。

59 个样本城市中有 33 个城市拥有轨道交通，平均值为 13.4%。其中，重庆最高，达到 29.2%。特大城市中只有武汉、郑州、长沙达标，分别为 23.0%、21.7% 和 19.8%。从城市规模看，19 个超大、特大城市的平均值为 15.6%，23 个大城市的平均值为 10.4%（图 2-34）。

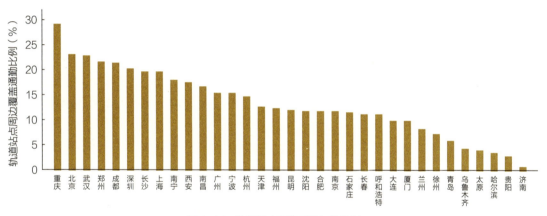

图 2-34　轨道站点周边覆盖通勤比例

六、绿色交通出行分担率

绿色交通出行分担率，是指市辖区建成区内采用轨道、公交、步行、骑行等方式的出行量占城市总出行量的比例。参考《交通运输部关于全面深入推进绿色交通发展的意见》，关于轨道、公交和慢行等各类绿色交通的出行分担率应超过 60% 的要求，设定绿色交通出行分担率达标值为 60%，优秀值为 75%。

第三方城市体检结果显示，53 个样本城市绿色交通出行分担率达标，其中 31 个城市达到优秀。临沧、大庆、东营、宁波、克拉玛依、拉萨 6 个城市低于 60%。

59 个样本城市绿色交通出行分担率均值为 73.0%，兰州、福州、白银、徐州、北京、遂宁、石家庄、南宁 8 个城市位于样本城市前列。从区域层面看，东北地区和西南地区相对较低，平均值分别为 63.1% 和 61.1%（图 2-35）。

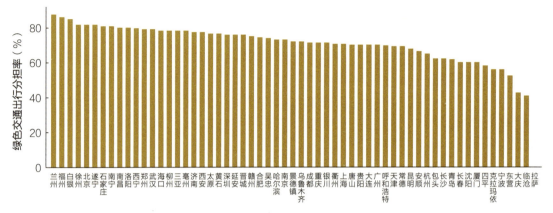

图 2-35　绿色交通出行分担率

七、专用自行车道密度

专用自行车道密度，是指市辖区建成区内具有物理隔离的专用自行车道长度与市辖区建成区面积的比值。参考《上海市新城规划建设导则》，要求具有物理隔离的专用自行车道密度达到 4 公里 / 平方公里。

第三方城市体检结果显示，样本城市专用自行车道密度平均为 0.97 公里 / 平方公里，没有城市达标。杭州、宁波、厦门、上海、常德、克拉玛依、合肥、亳州、衢州、东营、晋城、昆明和深圳 13 个城市超过 1.25 公里 / 平方公里；南昌、四平、大庆、西安、天津、贵阳、长沙、长春、沈阳、呼和浩特、遂宁 11 个城市低于 0.6 公里 / 平方公里。超大、特大城市均值为 0.97 公里 / 平方公里，大城市均值为 0.94 公里 / 平方公里，中小城市均值为 1.01 公里 / 平方公里。

从区域层面看，东北地区和西北地区相对较低，平均值分别为 0.57 公里 / 平方公里和 0.78 公里 / 平方公里，华东地区和华中地区相对较高，平均值分别为 1.24 公里 / 平方公里和 1.04 公里 / 平方公里（图 2-36）。

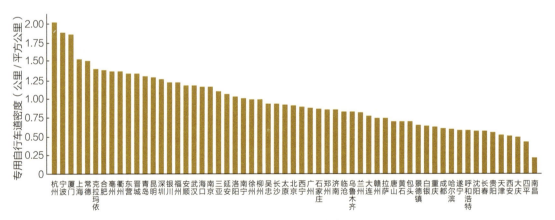

图 2-36　专用自行车道密度

第五节　风貌特色

风貌特色方面主要评价城市风貌塑造、城市历史文化保护与传承情况，包括当年获得国际国内各类建筑奖、文化奖的项目数量，万人城市文化建筑面积，城市历史风貌破坏负面事件数量，城市历史文化街区保护修缮率，城市历史建筑空置率，城市国内外游客量6项指标。

第三方城市体检结果显示，城市风貌特色持续向好，居民对城市风貌特色普遍比较满意，得分位居8大方面之首。

据住房和城乡建设部统计，截至2021年10月，59个样本城市当前共有历史文化街区305片，历史建筑10468栋，其中，29个样本城市的城市历史文化街区修缮率超过60%，24个达到100%；28个样本城市的城市历史建筑空置率不高于5%，城市发展越发重视历史文脉保护及历史建筑活化利用工作。城市吸引力方面，北京、上海、深圳、杭州、厦门等超大城市游客吸引力较强。

各城市获得国际国内各类建筑奖、文化奖的项目数量指标差异很大。南京、沈阳2020年全年获奖项目均超过300个，而洛阳、晋城、吴忠等7个城市在城市建设方面未获得相关奖项。城市建设过程中，建筑奖、文化奖的缺失，一定程度上反映了我国城市建筑特色的不足。管控城市建筑"贪大、媚洋、求怪"等乱象，提高城市美学及城市文化建设是重要抓手。

同时，样本城市文化建筑建设很不均衡，万人城市文化建筑面积均值为1425平方米。10个样本城市超过2000平方米，22个样本城市低于1000平方米。

基于网络舆情数据分析，广州、成都、海口等城市出现历史文化街区违法搭建、砍伐老树等城市历史风貌破坏负面事件，城市历史文脉管理保护任重道远。

一、当年获得国际国内各类建筑奖、文化奖的项目数量

该指标统计了当年市辖区内民用建筑（包括居住建筑和公共建筑）中获得国际国内各类建筑奖、文化奖的项目数量（包括国内省级以上优秀建筑、工程设计奖项、国外知名建筑奖项以及文化奖项）。

第三方城市体检结果显示，样本城市获奖数量均值为49个。超大、特大城市的均值为114个，大城市均值为27个，中小城市均值为4个。其中南京、沈阳、广州、成都、深圳、郑州、柳州、天津、西安9个城市超过100个，南京、沈阳广州分别达到375个、363个和299个，而延安、贵阳、四平、晋城、吴忠、洛阳、景德镇、东营、白银、临沧、亳州、克拉玛依等中小城市偏低（图2-37）。

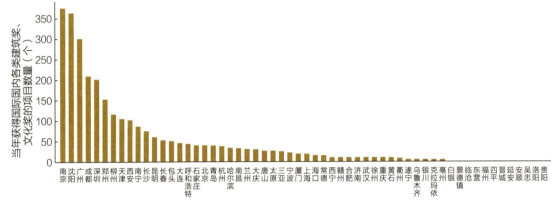

图 2-37 当年获得国际国内各类建筑奖、文化奖的项目数量

二、万人城市文化建筑面积

万人城市文化建筑面积，是指市辖区常住人口每万人拥有的已竣工文化建筑（包括剧院、图书馆、博物馆、少年宫、文化馆、科普馆等）的面积。

第三方城市体检结果显示，59个样本城市的万人城市文化建筑面积平均值为1425平方米/万人。19个超大、特大城市的平均值为1597平方米/万人，23个大城市的平均值为1193平方米/万人，17个中小城市的平均值为1556平方米/万人。其中，成都、景德镇、南京、徐州、太原、厦门、宁波、青岛8个城市均超过2000平方米/万人，位居样本城市前列，成都和景德镇分别为6650.0平方米/万人和5546.7平方米/万人。而四平、常德、沈阳、洛阳、包头、福州、乌鲁木齐、海口8个城市低于500平方米/万人。

从区域层面看，华中地区和东北地区最低，平均值分别为843.0平方米/万人和824.6平方米/万人，华东地区最高，平均值为2026.0平方米/万人（图2-38）。

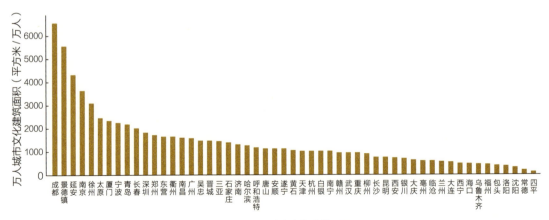

图 2-38 万人城市文化建筑面积

三、城市历史文化街区保护修缮率

城市历史文化街区保护修缮率，是指市辖区内近 5 年立项开展保护修缮项目的历史文化街区数量占市辖区内历史文化街区总量的比例。历史文化街区保护修复率不应低于60%。

第三方城市体检结果显示，29 个城市的城市历史文化街区保护修缮率达标，其中 24 个样本城市达到 100%。19 个超大、特大城市中有 11 个超过 60%，9 个达到 100%；23 个大城市中有 14 个超过 60%；17 个中小城市中有 4 个达到 100%（图 2-39）。

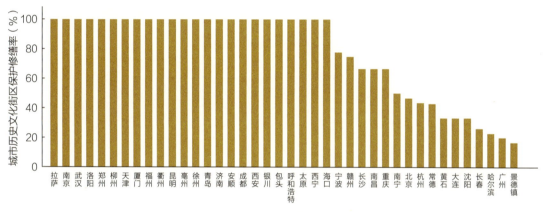

图 2-39　城市历史文化街区保护修缮率

四、城市历史建筑空置率

城市历史建筑空置率，是指市辖区内历史建筑空置数量占城市人民政府公布的市辖区内历史建筑总数的比例，用于评价城市历史建筑活化利用情况。

第三方城市体检结果显示，样本城市该指标的平均值为 14.5%，仍有 29 个样本城市高于 5%。其中，延安、亳州、长春、呼和浩特、四平、景德镇、洛阳 7 个城市超过 40%。唐山、白银、哈尔滨、重庆、大连、南昌、包头、银川、宁波等 15 个城市超过 20%（图 2-40）。

五、城市国内外游客量

城市国内外游客量，是指当年市辖区内法定假期国内外游客量。受到新冠肺炎疫情影响，相较 2020 年体检，2021 年各样本城市该指标普遍偏低。以 2020 年五一、十一期间各城市市辖区的国内外游客数量计算，北京、上海、广州、成都、重庆、杭州、深圳 7 个城市为第一梯队，其中北京、上海、广州超过 1000 万人。西安、青岛、郑州、长沙、天津、南京、武汉、宁波、沈阳、厦门、济南 11 个城市为第二梯队。临沧、四平、克拉玛依、白银、吴忠、

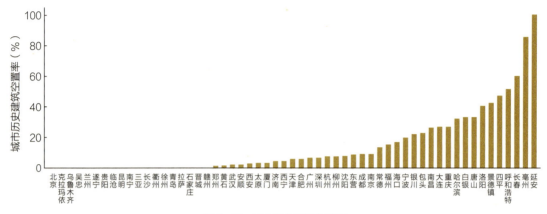

图 2-40 城市历史建筑空置率

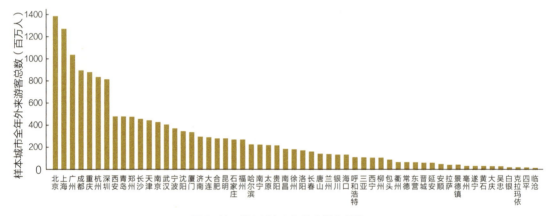

图 2-41 样本城市全年外来游客总数

大庆、黄石 7 个城市的吸引力较弱（图 2-41）。

第六节 整洁有序

整洁有序方面主要评价城市环境卫生总体情况和城市市容市貌综合管理水平，包括城市门前责任区制定履约率，城市街道立杆、空中线路规整性，城市街道车辆停放有序性，城市重要管网监测监控覆盖率，城市窨井盖完好率，实施专业化物业管理的住宅小区占比 6 项指标。

第三方城市体检结果显示，城市建设管理得到进一步改善。街道卫生保洁，城市街道立杆、空中线路规整性整体较好，31 个样本城市门前责任区制定履约率高于 90%，11 个城市达到 100%；32 个城市的街道立杆、空中线路规整性不低于 90%，16 个城市达到 100%。

样本城市窨井盖完好率的平均值为 96.0%，超过《2021 年城市干净整洁有序安全部分指标评价细则》设定的 95% 的达标值。居民满意度调查结果显示，整洁有序多数指标得到居民认可，但社区物业管理满意度得分较低，仅为 69.11 分。

根据街景图片识别，样本城市街道车辆停放有序性均值仅为 34%，城市街道车辆停放无序问题较为突出。此外，样本城市实施专业化物业管理的住宅小区占比的平均值为 53.7%，只有东营和克拉玛依超过 90%，实施专业化物业管理的住宅小区占比不足 60% 的有样本城市 39 个，其中遂宁仅为 16.3%。

在城市地下空间管理方面，体检结果显示，仍有 18 个样本城市重要管网监测监控覆盖率低于 60%，其中银川、石家庄、白银等 8 个样本城市不足 20%。

一、城市门前责任区制定履约率

城市门前责任区制定履约率，是指市辖区建成区内门前责任区制定履约数量，占市辖区建成区内门前责任区总量的百分比。《2021 年城市干净整洁有序安全部分指标评价细则》设定城市门前责任区制定履约率达标值为 90%，优秀值为 100%。

样本城市门前责任区制定履约率平均值为 89%。长春、沈阳、成都、大庆、安顺、亳州等 17 个城市低于 90%。兰州、青岛、衢州和贵阳 4 个城市低于 60%，其中兰州最低，仅为 30%。此外，重庆、呼和浩特、合肥、南昌、景德镇等 31 个城市达到或超过 90%，其中西安、太原、杭州、大连、柳州等 11 个城市达到 100%（图 2-42）。

从区域看，华北地区和华南地区城市该指标表现较好，平均值分别为 95% 和 96%。除兰州外，其余 7 个西北地区样本城市平均值达到 90%。华中地区和华东地区平均值接近 90%，分别为 88% 和 87%，而东北地区平均值为 85%，西南地区的平均值最低，仅为 83%。

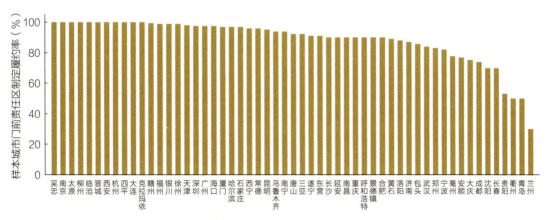

图 2-42　样本城市门前责任区制定履约率

二、城市街道立杆、空中线路规整性

城市街道立杆、空中线路规整性是指市辖区建成区内立杆、空中线路（电线电缆等）规整街道数量，占市辖区建成区主干道、次干道、支路总量的百分比。《2021年城市干净整洁有序安全部分指标评价细则》设定城市街道立杆、空中线路规整性达标值为90%，优秀值为100%。

样本城市街道立杆、空中线路规整性平均值为85%。包头、宁波、西宁、贵阳、南昌、长沙等24个样本城市低于90%，未达标的24个样本城市平均值仅为68%，其中临沧、四平、青岛、三亚、常德、南京、白银7个城市低于60%。沈阳、洛阳、厦门、东营、广州、昆明、合肥、景德镇、太原等31个城市高于90%，其中天津、重庆、西安、杭州、南宁、海口等16个城市达到100%（图2-43）。

从城市规模看，中小城市街道立杆、空中线路规整性仍需提升。19个超大、特大城市及23个大城市的城市街道立杆、空中线路规整性均值均为89%，16个中小城市的均值为74%。

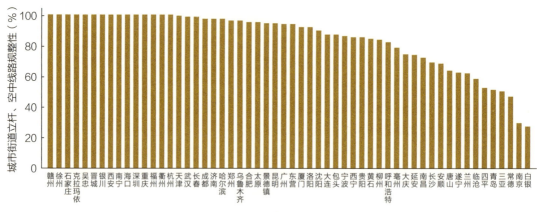

图2-43 城市街道立杆、空中线路规整性

三、城市街道车辆停放有序性

城市街道车辆停放有序性，是指市辖区建成区内车辆停放有序的街道数量，占市辖区建成区主干道、次干道、支路总量的百分比。《2021年城市干净整洁有序安全部分指标评价细则》设定城市街道车辆停放有序性达标值为90%，优秀值为100%。

第三方城市体检结果显示，样本城市街道车辆停放有序性均值为34.3%。广州、黄石、洛阳、济南、兰州、太原、长沙等26个城市低于30%，其中哈尔滨、沈阳和长春较低，分别为16%、17%和19%（图2-44）。

从城市规模看，中小城市该指标体检结果远好于大城市，大城市又好于超大、特大城市。17个中小城市的城市街道车辆停放有序性平均值为40%，23个大城市的平均值为33%，19

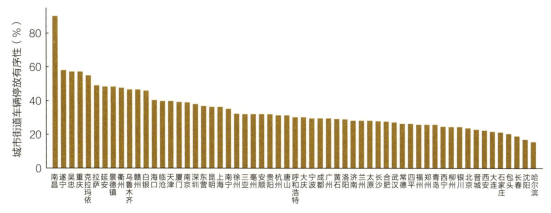

图 2-44　城市街道车辆停放有序性

个超大、特大城市的平均值仅为 30%。

从区域看，西南地区均值最高，为 42%，东北地区均值最低为 22%，3 个低于 20% 的城市均在东北地区。西北地区、华东地区均值分别为 39% 和 39%，华中地区和华北地区均值为 28% 和 27%。

四、城市重要管网监测监控覆盖率

城市重要管网监测监控覆盖率，是指市辖区建成区内对城市重要管网进行动态实时监测的街道数量占市辖区建成区主干道、次干道、支路总量的百分比。《"十四五"规划纲要》要求将物联网感知设施、通信系统等纳入公共基础设施统一规划建设，推进市政公用设施、建筑等物联网应用和智能化改造。《2021 年城市干净整洁有序安全部分指标评价细则》设定城市重要管网监测监控覆盖率达标值为 80%，优秀值为 90%。

样本城市重要管网监测监控覆盖率平均为 66.8%。白银、石家庄、银川、安顺、南昌、赣州等 18 个城市不足 60%，平均值为 25%。

24 个样本城市的城市重要管网监测监控覆盖率达到 80%，天津、厦门、深圳、合肥等 22 个样本城市超过 90%，达到《2021 年城市干净整洁有序安全部分指标评价细则》规定的优秀水平（图 2-45）。

五、城市窨井盖完好率

城市窨井盖完好率，是指市辖区建成区内窨井盖完好的街道数量，占市辖区建成区主干道、次干道、支路总量的百分比。《2021 年城市干净整洁有序安全部分指标评价细则》设定城市窨井盖完好率达标值为 95%，优秀值为 98%。

样本城市窨井盖完好率的平均值为 96.0%，高于《2021 年城市干净整洁有序安全部分指

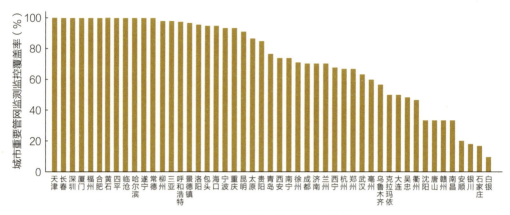

图 2-45　城市重要管网监测监控覆盖率

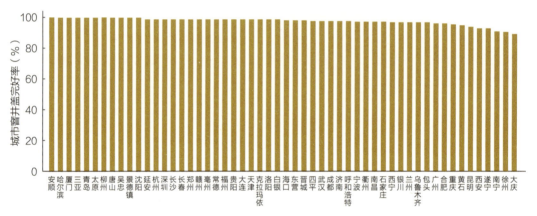

图 2-46　城市窨井盖完好率

标评价细则》所规定的达标值。其中，白银、洛阳、克拉玛依、天津等 27 个城市的窨井盖完好率达到 100%，仅南京、临沧 2 个城市的窨井盖完好率低于 90%（图 2-46）。

从城市规模看，大城市略好于中小城市，中小城市略好于超大、特大城市。23 个大城市窨井盖完好率的平均值为 97.9%，且全部高于 90%，其中有 20 个城市超过 98%。17 个中小城市的平均值为 95.3%，19 个超大、特大城市的平均值为 94.2%。

六、实施专业化物业管理的住宅小区占比

实施专业化物业管理的住宅小区占比，是指市辖区建成区内实施专业化物业管理的住宅小区数量，占市辖区建成区内住宅小区总量的比例。《住房和城乡建设部等部门关于加强和改进住宅物业管理工作的通知》（建房规〔2020〕10 号）要求提升物业管理服务水平，扩大物业管理覆盖范围，逐步实现物业管理全覆盖。《2021 年城市干净整洁有序安全部分指标评价细

则》设定城市实施专业化物业管理的住宅小区占比达标值为60%，优秀值为100%。

根据社区抽样调查，样本城市市辖区中，实施专业化物业管理的住宅小区占比的平均值为53.7%。四平、晋城、南昌、贵阳等39个城市不足60%，未达到《2021年城市干净整洁有序安全部分指标评价细则》规定的达标值。其中遂宁最低，仅有16.3%（图2-47）。

19个样本达标，其中深圳、东营和克拉玛依3个城市超过80%，克拉玛依和东营在全部样本城市中最高，分别为94.2%和93.2%。

从城市规模看，超大、特大城市好于大城市，大城市略好于中小城市。19个超大、特大城市实施物业管理的住宅小区占比的均值为57.4%，23个大城市的均值为52.3%，17个中小城市的均值为51.4%。

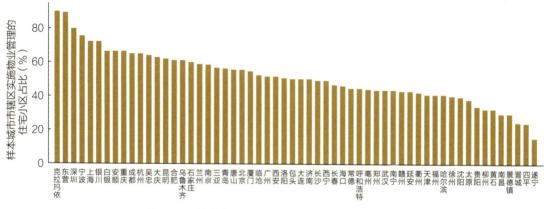

图2-47　样本城市市辖区实施物业管理的住宅小区占比

第七节　多元包容

多元包容方面主要评价城市对老年人、残疾人的服务保障情况，以及对低收入、外来务工人员等的包容度，包括道路无障碍设施设置率、城市居民最低生活保障标准占上年度城市居民人均消费支出比例、常住人口住房保障服务覆盖率、住房支出超过家庭收入50%的城市家庭占比、居住在棚户区和城中村中的人口数量占比5项指标。

第三方城市体检结果显示，我国城市的多元包容性亟需进一步增强，住房问题依旧是影响城市包容度的关键因素。从城市居民住房支出情况来看，样本城市住房支出超过家庭收入50%的城市家庭数量占比的均值达到了10.4%，其中大城市的均值达到了11.7%，南宁、银川、海口、呼和浩特等城市达到了15%以上，其次是超大、特大城市，为9.8%，中小城市为9.3%。同时，第三方城市体检结果显示，样本城市居民最低生活保障标准占上年度城市居民人均消费支出比例均值，较2020年提高了2.3个百分点，但是仍有24个城市低于

30%。样本城市居住在棚户区和城中村中的人口数量占比均值为7.5%，深圳、晋城、厦门、广州、宁波5个城市高于25%，城市居民居住环境改善工作任重道远。

在城市无障碍环境建设方面，第三方城市体检结果显示，样本城市市辖区建成区内道路无障碍设施设置率均值仅为62.7%，呼和浩特、乌鲁木齐、昆明等8个样本城市道路无障碍设施设置率低于50%。

同时，居民满意度调查结果显示，居民对房价可接受度的评分得分最低。

一、道路无障碍设施设置率

道路无障碍设施设置率，是指市辖区建成区内主干道、次干道、支路的无障碍设施的设置率。按照《关于进一步加强和改善老年人残疾人出行服务的实施意见》要求，到2035年，城市公共空间无障碍设施覆盖全面、无缝衔接。

第三方城市结果显示，59个样本城市的道路无障碍设施设置率平均值为62.7%。常德、北京、南京、上海、景德镇、东营、克拉玛依7个城市位居样本城市前列，常德和北京最高，分别为81.9%和81.8%；沈阳、四平、乌鲁木齐、石家庄、三亚、临沧和昆明7个城市较低，其中沈阳和四平仅为46.1%。

从城市规模看，19个超大、特大城市平均值为63.9%，23个大城市平均值为60.1%，17个中小城市平均值为65.2%。从区域层面看，华东地区和华中地区较好，该指标均值分别为71.5%和69.3%，东北地区较低，平均为50.9%（图2-48）。

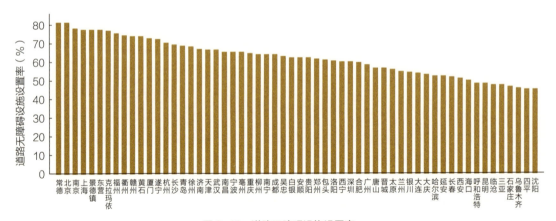

图2-48　道路无障碍设施设置率

二、城市居民最低生活保障标准占上年度城市居民人均消费支出比例

城市居民最低生活保障标准占上年度城市居民人均消费支出的百分比是指城市居民年最低生活保障标准与上年度城市居民人均消费支出的比例。第三方城市体检结果显示，59个样

本城市最低生活保障标准占上年度人均消费支出比例的平均值为31.3%，35个样本城市达到30%及以上，临沧、南宁、拉萨、吴忠4个城市高于40%，乌鲁木齐、克拉玛依、东营和长沙4个城市低于25%，其中乌鲁木齐和克拉玛依分别仅为16.7%和16.9%。

从城市规模看，19个超大、特大城市平均值为30.2%，23个大城市平均值为31.0%，17个中小城市平均值为32.9%。从区域层面看，华北地区和华南地区较高，分别为34.4%和33.6%，华中地区、西北地区、东北地区较低，分别为28.9%、28.9%和29.0%（图2-49）。

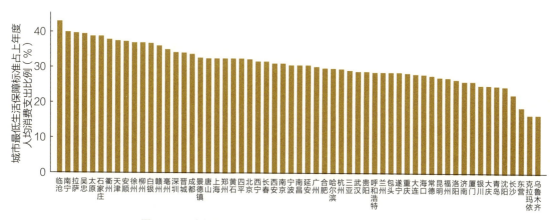

图2-49　城市最低生活保障标准占上年度人均消费支出比例

三、常住人口住房保障服务覆盖率

常住人口住房保障服务覆盖率，是指市辖区内常住人口中享受保障性租赁住房的人口数量，占应当享受保障性租赁住房的新市民、青年人总数量的百分比。第三方城市体检结果显示，59个样本城市常住人口住房保障服务覆盖率平均为28.9%，其中大庆、吴忠、安顺和克拉玛依4个城市最高，而深圳、上海、北京和厦门4个城市较低。

从城市规模看，样本城市中，超大、特大城市该指标平均值为25.2%，其中长沙最低（22.8%），哈尔滨最高（32.1%）；大城市的平均值为30.0%，其中厦门最低（17.2%），大庆最高（34.5%）；中小城市的平均值为31.4%，其中三亚最低（18.8%），吴忠市最高（33.8%）（图2-50）。

四、住房支出超过家庭收入50%的城市家庭占比

住房支出超过家庭收入50%的城市家庭占比，是指市辖区内当年用于住房的支出超过家庭年收入50%的城市家庭数量，占城市家庭总数量的百分比。第三方城市体检结果显示，59

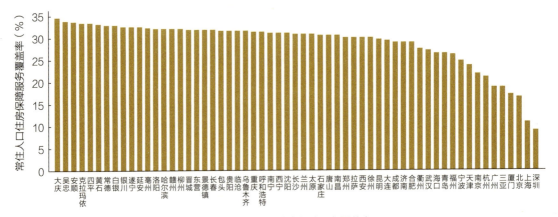

图 2-50　常住人口住房保障服务覆盖率

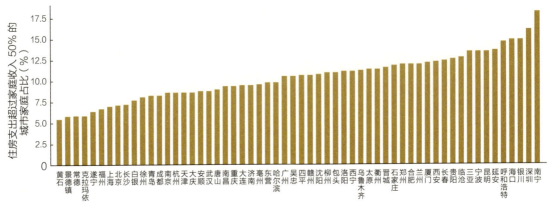

图 2-51　住房支出超过家庭收入 50% 的城市家庭占比

个样本城市该指标的平均值为 10.4%，其中南宁、深圳超过 15%，黄石、景德镇、常德、克拉玛依低于 6%。从城市规模看，超大、特大城市平均值为 9.8%，大城市平均值为 11.7%，中小城市平均值为 9.3%。从区域层面看，华中地区和华东地区较低，平均值分别为 8.4% 和 9.4%，华南地区较高，平均值为 14.0%（图 2-51）。

五、居住在棚户区和城中村中的人口数量占比

居住在棚户区和城中村中的人口数量占比，是指市辖区内居住在棚户区、城中村的人口数量，占市辖区常住人口总数量的百分比。第三方城市体检结果显示，59 个样本城市该指标的平均值为 7.5%。其中，深圳、晋城、厦门、广州、宁波 5 个城市均在 25% 以上，深圳更是高达 54.9%，克拉玛依、延安、天津、大庆等 12 个城市低于 1%。

从区域层面看，华南地区最高，平均值为 18.5%，东北地区和西北地区最低，平均值分别为 2.0% 和 4.0%（图 2-52）。

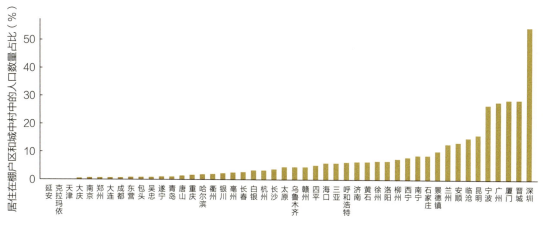

图 2-52 居住在棚户区和城中村中的人口数量占比

第八节 创新活力

创新活力方面主要评价城市创新能力，以及人口、产业活力等情况，包括城市小学生入学增长率、城市人口年龄中位数、政府负债率等 10 项指标。

第三方城市体检结果显示，样本城市创新活力总体较好，超大、特大城市创新活力优于大城市和中小城市，华南、华东地区优于东北、西南地区。从社会满意度调查结果看，居民对创新活力方面比较满意，在 8 大维度中得分排名第二。

城市小学生入学增长率总体呈增长趋势，超大、特大城市增长幅度较大，平均值超过 36.6%，59 个样本城市中只有四平、景德镇、衢州和吴忠出现负增长。此外，华南地区和华中地区增长幅度相对较高，东北地区和华北地区相对较低。

样本城市的城市人口年龄中位数平均为 35.5 岁，比第七次全国人口普查的年龄中位数小 3.3 岁，也小于美国人口年龄中位数（38.7 岁）。中小城市人口整体比大城市和特大、超大城市年轻。从区域看，华南地区人口最年轻，东北地区人口年龄中位数最大。

样本城市政府负债率平均为 25.5%，均未超出国际通用的警戒线（60%）。

样本城市全社会 R&D 支出占 GDP 比重平均为 2.2%，低于《"十三五"国家科技创新规划》提出的 2.5% 的要求，超大、特大城市、大城市总体呈增长趋势。

样本城市年度市场主体数量保持正增长，万人新增中小微企业数量均值为 44.1 个／万人，万人新增个体工商户数量均值为 70.4 个／万人。

从城市信贷结构优化比例看，小微企业贷款余额比例均出现较大幅度增长，与 2015 年相比，平均增长 80% 以上，超大、特大城市的增长率大于大城市和中小城市。

一、城市小学生入学增长率

城市小学生入学增长率,是指市辖区内当年小学生入学人数,较基准年(2015年)城市小学生入学人数的增长率。第三方城市体检结果显示,与2015年相比,城市小学生入学增长率总体呈增长趋势,59个样本城市的均值为27.2%。济南、西安、柳州、延安、青岛、拉萨、长沙、黄石、成都、大连、福州、郑州、昆明13个样本城市高于40%,其中济南和西安分别为88.8%和72.2%。四平、景德镇、衢州和吴忠为负值,分别为 -26.9%、-10.1%、-0.8%和-0.6%。

从城市规模看,19个超大、特大城市的平均值为36.6%,23个大城市的平均值为25.6%,17个中小城市的平均值为18.7%。

从区域层面看,东北地区和华北地区相对较低,平均值分别为14.4%和18.5%,华南地区和华中地区相对较高,平均值分别为36.2%和32.6%(图2-53)。

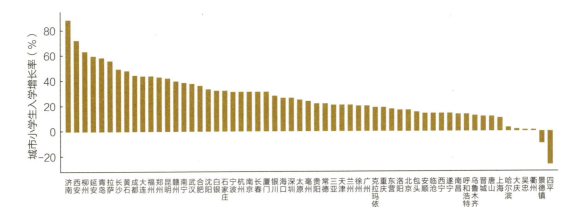

图2-53 城市小学生入学增长率

二、城市人口年龄中位数

第七次全国人口普查显示,全国人口年龄中位数为38.8岁。第三方城市体检结果显示,59个样本城市的城市人口年龄中位数均值为35.5岁。其中,沈阳、哈尔滨、大连、四平、上海5个城市最大,均为39岁,城市老龄化问题突出;而徐州、南宁、延安、景德镇、黄石、吴忠、赣州、安顺、亳州9个城市人口年龄中位数均小于33岁,城市人口较为年轻。

从城市规模看,19个超大、特大城市的平均值为36.7岁,23个大城市的平均值为35.1岁,17个中小城市的平均值为34.8岁。

从区域层面看,华南地区城市人口年龄中位数最小,平均为34.0岁;东北地区最大,平均为38.7岁(图2-54)。

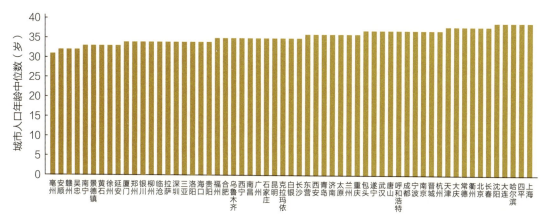

图 2-54　城市人口年龄中位数

三、政府负债率

财政部公布的 2020 年财政收支情况显示，2020 年全国政府的负债率为 45.8%。《马斯特里赫特条约》规定的政府负债率红线为 60%，2021 年第三方城市体检结果显示，59 个样本城市的政府负债率均低于 60%，均值为 25.5%，我国政府债务风险总体可控。

从城市规模看，19 个超大、特大城市政府负债率均值为 22.1%，23 个大城市政府负债率均值为 24.4%，17 个中小城市政府负债率均值为 30.9%。其中，三亚、海口、天津、吴忠等 6 个城市政府负债率高于 40%，深圳、洛阳、合肥、广州、福州、晋城、临沧 7 个城市政府负债率不超过 15%，深圳政府负债率最低，为 3.2%（图 2-55）。

从区域层面看，西北、西南地区城市政府负债率均值较高，分别达到了 31.6%、31.0%，华中地区样本城市均值最低，仅为 18.7%。东北、华北、华东地区城市政府负债率均值分别为 27.9%、26.6% 和 20.4%。

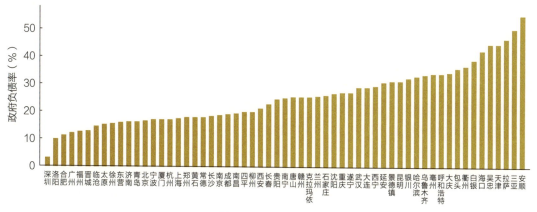

图 2-55　政府负债率

四、城市新增商品住宅与新增人口住房需求比

城市新增商品住宅与新增人口住房需求比，是指市辖区内新增商品住宅竣工面积，占新增人口住房总需求的百分比。其中新增人口住房总需求是指当年城市新增常住人口与人均最小住房面积的乘积。

第三方体检结果显示，22 个样本城市新增商品住宅与新增人口住房需求比在 100% 以上（图 2-56）。

具体来看，徐州、唐山、天津、长沙等 12 个样本城市 2020 年城市新增商品住宅与新增人口住房需求比在 200% 以上，31 个样本城市该指标低于 90%。哈尔滨、四平、大庆、临沧、晋城、白银、常德、遂宁 8 个城市的第七次全国人口普查较第六次全国人口普查出现了下降，但上述 8 个城市 2020 年新增商品住宅面积均值仍有 141.5 万平方米，其中哈尔滨为 340.5 万平方米。

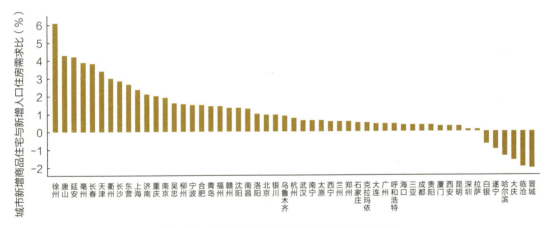

图 2-56　城市新增商品住宅与新增人口住房需求比

五、全社会 R&D 支出占 GDP 比重

全社会 R&D 支出占 GDP 比重，是指当年全市全社会实际用于基础研究、应用研究和试验发展的经费支出，占国内生产总值的百分比。《"十三五"国家科技创新规划》要求 R&D 强度达到 2.5%，《"十四五"规划纲要》提出"十四五"期间全社会 R&D 支出年均增长 7% 以上。

第三方城市体检结果显示，59 个样本城市的全社会 R&D 支出占 GDP 比重的平均值为 2.2%，21 个样本城市超过 2.5%（图 2-57）。

从城市规模看，超大、特大城市该项指标的平均值为 3.3%，比 2020 年度高 0.15 个百分点。大城市的平均值为 2.1%，比 2020 年度高 0.1 个百分点。17 个中小城市的平均值为 1.1%，较 2020 年度降低 0.4 个百分点。19 个超大、特大城市中，北京和西安最高，分别为

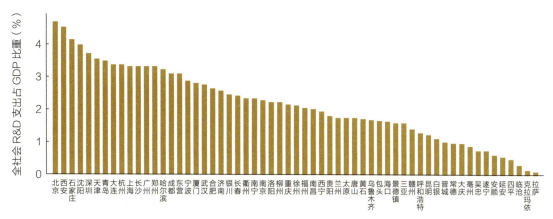

图 2-57　全社会 R&D 支出占 GDP 比重

4.8% 和 4.6%，昆明、重庆和南京 3 个城市未达到 2.5%，分别为 1.2%、2.2% 和 2.3%。从区域层面看，西南地区和西北地区最低，平均值分别为 1.3% 和 1.7%。

六、万人新增中小微企业数量

万人新增中小微企业数量，是指当年市辖区内净增长中小微企业数量，与市辖区常住人口的比值。第三方城市体检结果显示，超大、特大城市该指标总体上优于大城市和中小城市，华南地区和华东地区较好，东北地区和西北地区较差。

具体来看，59 个样本城市的万人新增中小微企业数量平均值为 44.1 个 / 万人。其中，三亚、广州、海口、深圳 4 个城市超过 100 个 / 万人，分别达到了 170.6 个 / 万人、128.7 个 / 万人、107.4 个 / 万人、105.2 个 / 万人（图 2-58）。

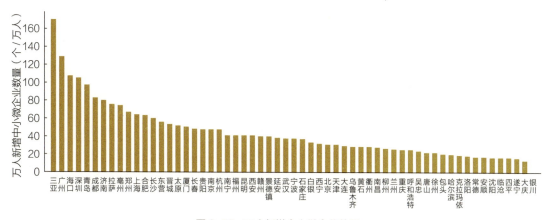

图 2-58　万人新增中小微企业数量

从城市规模看，19个超大、特大城市的均值为55.3个/万人，23个大城市的均值为36.0个/万人，中小城市的均值为42.6个/万人。东北、西北地区的平均值分别为23.9个/万人和26.7个/万人，华南、华东地区分别为96.7个/万人和51.0个/万人。

七、万人新增个体工商户数量

万人新增个体工商户数量，是指当年市辖区内净增长个体工商户数量，与市辖区常住人口的比值。第三方城市体检结果显示，59个样本城市该指标的平均值为70.4个/万人，徐州、青岛、景德镇、南京、东营和合肥6个城市最高，均超过135个/万人，其中徐州达到220.1个/万人（图2-59）。

从城市规模看，超大、特大城市平均为63.3个/万人，23个大城市平均为75.0个/万人，17个中小城市平均为72.1个/万人。从区域层面看，华东地区平均值最高，为110.5个/万人；华南地区平均值最低，为41.0个/万人。

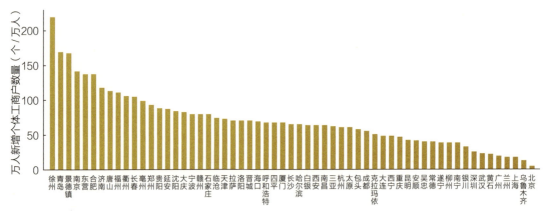

图2-59 万人新增个体工商户数量

八、万人高新技术企业数量

万人高新技术企业数量，是指当年市辖区内高新技术企业数量，与市辖区常住人口的比值。万人高新技术企业数量的评价标准是不低于1个/万人。第三方城市体检结果显示，超大、特大城市的万人高新技术企业数量显著高于大城市和中小城市。

59个样本城市的万人高新技术企业数量的平均值为2.53个/万人。其中，超大、特大城市的平均值为4.83个/万人，大城市的平均值为1.92个/万人，中小城市的平均值仅为0.77个/万人。超大、特大城市中，仅重庆、昆明及哈尔滨低于2个/万人。大城市中，有14个城市低于2个/万人，而中小城市普遍低于1个/万人（图2-60）。

从区域层面看，西南地区和西北地区的均值较低，分别仅为1.16个/万人和1.23个/万

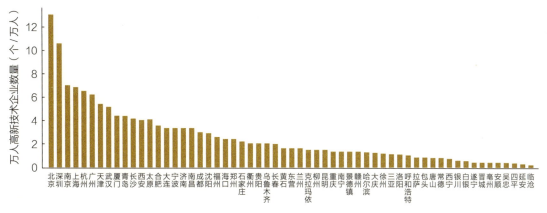

图 2-60　万人高新技术企业数量

人,其次是东北地区,均值为 1.78 个 / 万人。

九、万人上市公司数量

万人上市公司数量,是指市辖区内上市公司数量,与市辖区常住人口的比值。第三方城市体检结果显示,样本城市的万人上市公司数量平均为 0.045 个 / 万人。其中,19 个超大、特大城市平均为 0.07 个 / 万人,23 个大城市平均为 0.04 个 / 万人,17 个中小城市平均为 0.03 个 / 万人(图 2-61)。

从区域层面看,东北地区和华中地区样本城市指标均值较低,分别仅为 0.02 个 / 万人和 0.03 个 / 万人。华东地区均值最高,达到 0.05 个 / 万人,7 个超过 0.1 个 / 万人的样本城市中,有 4 个在华东地区。

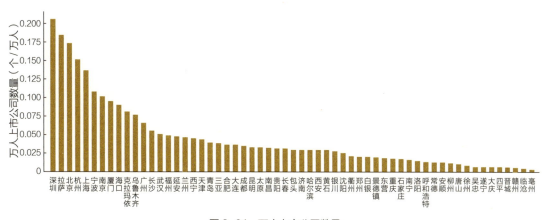

图 2-61　万人上市公司数量

十、城市信贷结构优化比例

城市信贷结构优化比例,是指城市当年小微企业贷款余额,与基准年(2015年)城市小微企业贷款余额的百分比。第三方城市体检结果显示,59个样本城市该指标的平均值为181.7%。广州、成都、深圳、上海、三亚、重庆和北京7个城市均超过200%,位居样本城市前列,其中广州最高,达到了229.5%。银川、大庆、衢州、乌鲁木齐、四平、太原、临沧、包头、呼和浩特、宁波、哈尔滨、沈阳、大连、安顺和天津15个城市均低于175.0%,其中银川最低,为168.9%(图2-62)。

从城市规模看,19个超大、特大城市平均为188.8%,23个大城市平均为176.9%,17个中小城市平均为180.2%。

从区域层面看,华南地区的平均值最高,达到198.0%,东北地区和西北地区的平均值分别为174.0%和175.7%。

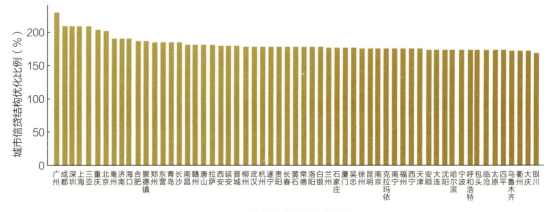

图2-62 城市信贷结构优化比例

第三章

社会满意度评价分析

2021年度社会满意度评价共设计8大维度67个分指标，调查工作于2021年7~8月进行，面向59个样本城市展开，累计发放58.12万份线上问卷，对原始样本进行清洗之后，有效问卷共计45.77万份，问卷有效率78.70%（图3-1）。

59个样本城市整体满意度平均得分为76.90分，居民对城市建设基本满意。其中风貌特色维度评价最高，此外创新活力、安全韧性的评价得分也较高，多元包容与健康舒适维度的得分最低（图3-2）。

筛选与2020年36个样本城市保持一致的35个指标进行分析，显示有22项指标的得分比去年下降，尤其是房价、房租可接受程度比去年下降最为显著；从城市来看，有29个城市的可比指标满意度平均值下降。因此，满意度评价整体呈下降趋势（图3-3）。

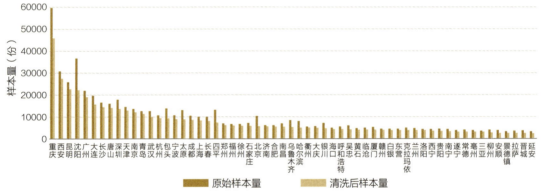

图3-1 样本城市调查样本量

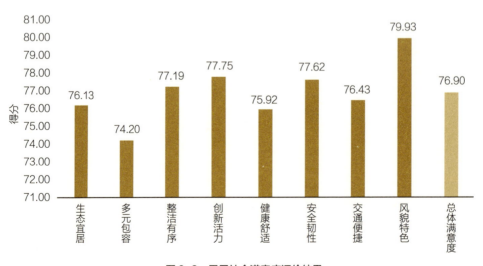

图3-2 居民社会满意度评价结果

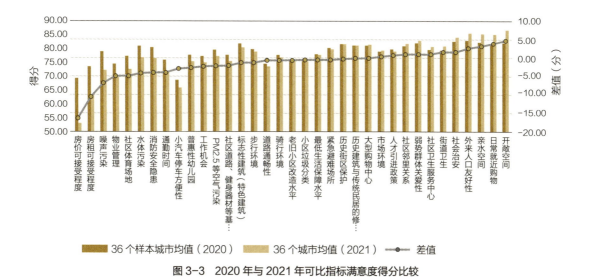

图 3-3 2020 年与 2021 年可比指标满意度得分比较

第一节 满意度评价的南北差异显著

一、东北地区城市满意度评价相对较低

比较七大片区总体满意度评价情况可发现，高于 59 个样本城市总体满意度均值的只有华东地区和华中地区，西南地区基本与平均分持平，东北地区城市的总体满意度均值最低。与 2020 年相比，各地区总体满意度都有所下降，下降幅度最小的是华中地区，下降最多的是西北地区，有近 5 分分差（图 3-4）。

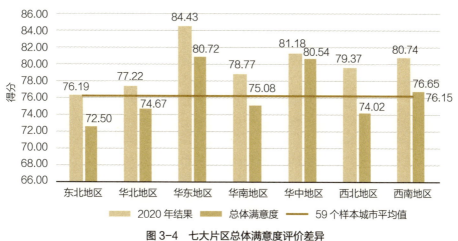

图 3-4 七大片区总体满意度评价差异

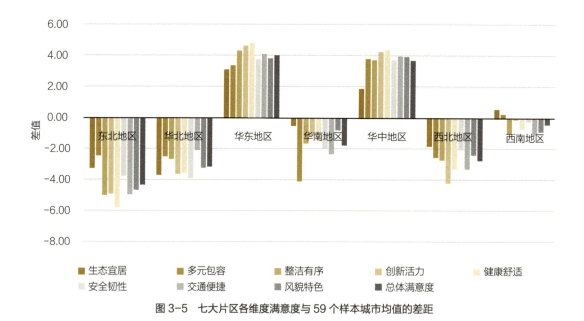

图 3-5 七大片区各维度满意度与 59 个样本城市均值的差距

从各地区的不同维度平均值来看（图 3-5），各地区的突出问题有所差异。东北地区的健康舒适、整洁有序、创新活力和交通便捷，华北地区的安全韧性，华南地区的多元包容，西北地区的创新活力，这些维度的满意度评分都远低于均值。

从各地区突出的分指标具体问题来看，华中地区的超高层建筑负面评价集中，不满意、非常不满意数量占各地区总样本量的比例达到 40.51%，东北地区的小汽车停车问题不满意比例达到 37.22%。

二、北方地区城市对健康舒适和城市活力方面的评价得分不高

从表 3-1 所示的不同区域城市与均值差距较大的 10 项指标可以判断，北方地区的问题基本以创新活力和健康舒适维度的指标居多，华南地区以多元包容维度的指标为主。

七大片区城市与均值差距最大的 10 项分指标　　　　表 3-1

序号	东北地区	华北地区	华南地区	西北地区
1	社区充电桩	空气污染严重	房价的可接受程度	社区充电桩
2	城市对年轻人的吸引力	社区老年食堂/饭桌	房租的可接受程度	城市对年轻人的吸引力
3	社区组织参与各类活动	雨后内涝积水	城市保障性住房	骑行环境

续表

序号	东北地区	华北地区	华南地区	西北地区
4	城市对游客吸引力	城市对游客吸引力	人口密度	小区各类配套设施
5	社区体育场地	社区充电桩	最低生活保障水平	城市工作机会
6	骑行环境	周边水体污染	城市住房租赁市场的规范程度	停水停电之后的应急处理措施
7	社区老年食堂/饭桌	普惠性幼儿园	城市棚户区及城中村改造水平	住房的质量及维护水平
8	雨后内涝积水	城市对年轻人的吸引力	车辆及路人违反交通规则	社区体育场地
9	小区物业管理	周边超过18层的建筑数量	小汽车停车的方便程度	城市融资或贷款（包括住房贷款等）便利性
10	老旧小区改造	小汽车停车	综合医院就诊平均等待时间	社区道路、健身器材等基础设施维护水平

三、北方地区的城市群总体满意度相对较低

图 3-6 所示为几个主要城市群整体满意度的平均值，可以看出，南方地区和中部地区的城市群满意度评价相对较高，北方地区的城市群满意度评价相对较低。东北地区的哈长城市群和辽中南城市群满意度评价最低，均低于 75 分。另外，京津冀城市群满意度评价表现也欠佳。

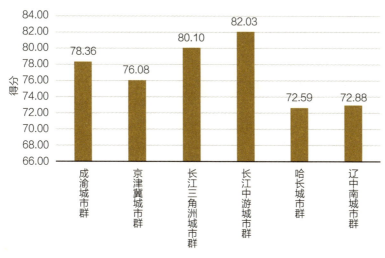

图 3-6 主要城市群整体满意度均值

所有城市群共有的突出问题是房价可接受程度，京津冀城市群和长三角城市群中对此不满的人群占比均高于50%，辽中南城市群对小汽车停车问题和综合医院就诊等待时长不满意的占比都高于36%，长江中游城市群对超高层建筑不满意的占比为36.18%。

第二节 环境治理任重道远

一、多数居民对绿色出行表示满意

59个样本城市居民对步行环境和骑行环境满意度评价分别为79.17分和77.41分，对步行环境很满意和满意的居民占比分别为32.03%和35.55%，对骑行环境很满意和满意的居民占比分别为29.81%和31.56%，表明居民对这两种主动出行方式总体比较认可（图3-7）。

在公共交通方面，59个样本城市公交车准时性的得分平均值为80.99分，其中认为公交车很准时和准时的居民占比分别为30.75%和41.65%，认为公交车不太准时和很不准时的居民仅占4.10%和0.96%（图3-8）。公交车准时率评价较低的城市有临沧、昆明、乌鲁木齐和长春等城市；常德、南京、景德镇、上海等城市公交车准时率较高。居民对公共交通换乘方便程度的评价更高，达到了82.30分，其中认为公共交通换乘很方便和比较方便的居民占比分别为38.05%和38.13%（图3-9）。

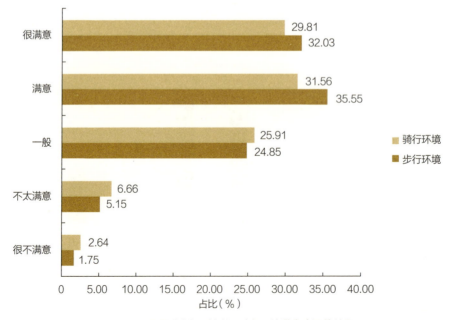

图3-7 居民对步行环境以及骑行环境满意度评价结果

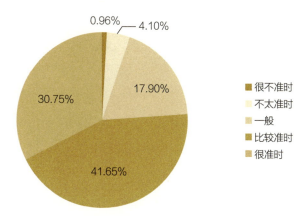

图 3-8　居民对公交车准时满意度评价结果

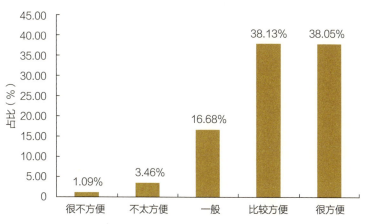

图 3-9　居民对公共交通换乘方便程度满意度评价结果

二、居民认可空气污染治理结果，但噪声污染评价较低

59 个样本城市居民对 $PM_{2.5}$ 等空气污染严重程度评价的平均值为 78.18 分，认为空气污染有点严重和很严重的居民占比分别为 9.53% 和 2.12%（图 3-10）。其中，石家庄、西安、乌鲁木齐、沈阳、太原、包头以及唐山等城市居民认为空气污染较为严重，得分均在 70 分以下。

59 个样本城市噪声污染严重程度评价得分平均值为 72.59 分，低于空气污染，其中认

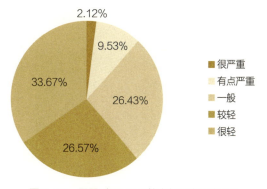

图 3-10　居民对 PM2.5 等空气污染评价结果

67

图 3-11 居民对噪声污染评价结果　　　　图 3-12 居民水体污染评价结果

为噪声污染有点严重和很严重的居民占比分别为 13.03% 和 3.93%（图 3-11）。西安、沈阳、石家庄以及乌鲁木齐等城市居民认为噪声污染较为严重，得分均在 65 分以下。

59 个样本城市水体污染情况评价得分平均值为 76.88 分，其中认为水体污染有点严重和很严重的居民占比分别为 6.18% 和 1.46%（图 3-12）。水体状况评价较低的 5 个城市是乌鲁木齐（65.77 分）、晋城（66.71 分）、四平（66.75 分）、呼和浩特（67.28 分）和石家庄（67.54 分），其中，四平和晋城超过 15% 的被访者认为水体污染很严重或者有点严重。

三、三成以上居民对小区垃圾分类水平不太满意

59 个样本城市居民对小区垃圾分类水平满意度评价得分平均值为 75.20 分，其中对小区垃圾分类水平不太满意和很不满意的居民占比分别为 7.32% 和 3.77%（图 3-13）。西安、沈阳、石家庄以及乌鲁木齐等城市居民对小区垃圾分类水平满意度较低，常德、景德镇、福州、南京、遂宁和东营等城市居民对小区垃圾分类水平满意度相对较高。

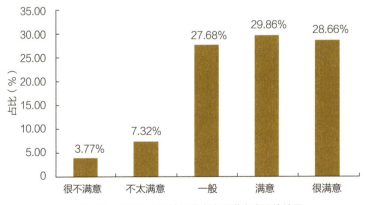

图 3-13 居民对小区垃圾分类水平满意度评价结果

第三节 住房及社区设施问题有待改善

一、住房/租房价格过高是当前影响民生福祉的核心问题

房价和房租的可接受程度是所有二级指标中平均得分最低的两项指标（53.76 分和 63.26 分）。从指标对应的不满意（很不满意和不太满意）人群比例来看，整体上对房价不满意的人数占总被访人数的 49.67%，即 59 个样本城市中半数以上的受访居民对房价均表示不满；其中对房价不满意的人数占受访居民 50% 以上的城市达到 32 个；对房租不满意的人群占比在深圳、北京、上海等超大城市达到 40% 以上（图 3-14~ 图 3-16）。可见房价和房租是当前全国整体上面临的核心问题之一，其中超大城市对房租不满意的人数占比最高。

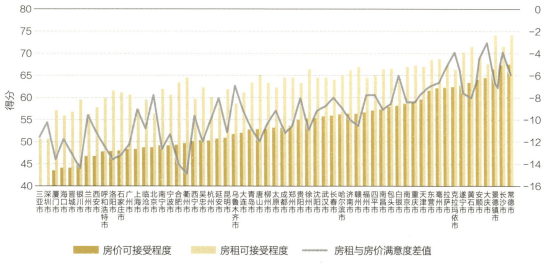

图 3-14　样本城市房价/房租可接受程度满意度得分

二、社区生活圈建设尚待完善

与社区生活圈相关的二级指标分析结果显示，居民对就近购物、大型购物中心、社区卫生服务中心以及社区邻里关系指标上的评价较高、排名靠前，且不满意人群占比较少。可见在以上 4 个指标所对应的领域中，其社区生活圈建设已取得了一定成果。但其他相关指标，如完整社区、老年饭桌、普惠性幼儿园、体育场地、充电桩、社区基础设施维护、社区活动组织、住房质量及维护、老旧小区改造等指标得分均在 80 分以下，在 59 个指标中的排名也均在 40 名后（表 3-2）。尤其是对社区活动组织、社区充电桩、完整社区、住房质量及维护、老旧小区改造等不满意的人群超过了 10%，也可看出大部分受访居民对以上二级指标反映的社区生

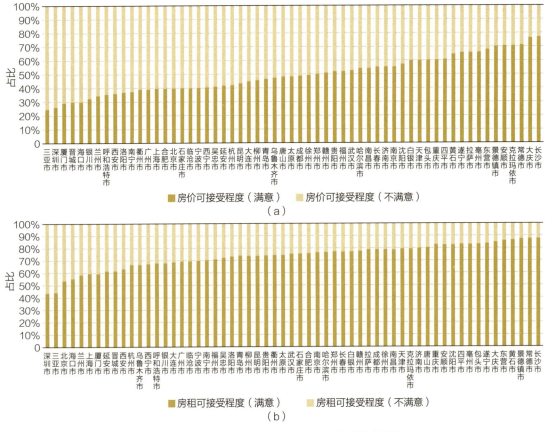

图 3-15 样本城市房价/房租可接受程度满意度比例
（a）房价；（b）房租

活圈建设的领域认可程度一般。由此可见，当前社区生活圈建设在社区基础设施以及住房质量的提升等多个方面仍有较大提升空间。

健康舒适维度二级指标得分、排名及人群比例   表 3-2

健康舒适二级指标	平均得分	排名	不满意人群占比
完整社区	74.69	48	12.36%
日常就近购物	85.37	4	4.01%
大型购物中心	81.51	12	3.93%
社区老年食堂/饭桌	68.42	60	5.38%
普惠性幼儿园	75.58	43	8.06%

续表

健康舒适二级指标	平均得分	排名	不满意人群占比
社区卫生服务中心	80.64	18	4.43%
社区体育场地	72.60	57	9.30%
社区充电桩	65.98	62	10.24%
社区道路、健身器材等基础设施维护	75.39	44	9.14%
社区活动组织	74.39	50	14.51%
社区邻里关系	81.80	9	2.56%
住房质量及维护水平	74.82	47	10.49%
老旧小区改造水平	75.75	42	10.98%

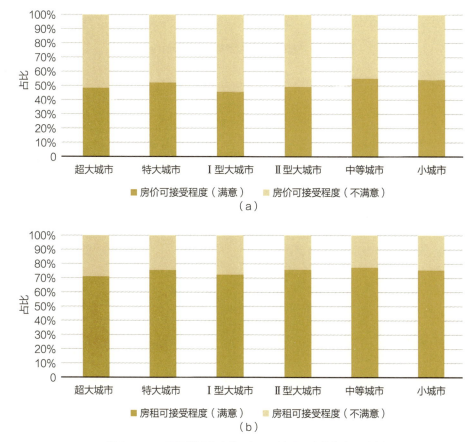

图 3-16 不同规模城市房价/房租可接受程度满意度人群比例
（a）房价；（b）房租

三、小城市的社区建设评价相对较低

进一步分析上述居民满意度一般的指标在不同规模城市的差异。结果显示，Ⅰ型、Ⅱ型大城市和小城市的得分在各二级指标中平均得分最低，超大城市和中等城市平均得分最高；其对应的不满意人群占比也呈现出相同的特征。平均得分整体上呈现出超大城市≈中等城市＞特大城市＞Ⅰ型大城市＞Ⅱ型大城市＞小城市的分布特征（图3-17、图3-18）。

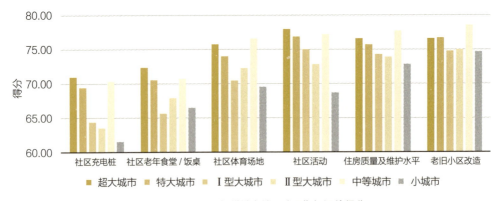

图 3-17 不同规模城市社区建设指标评价得分

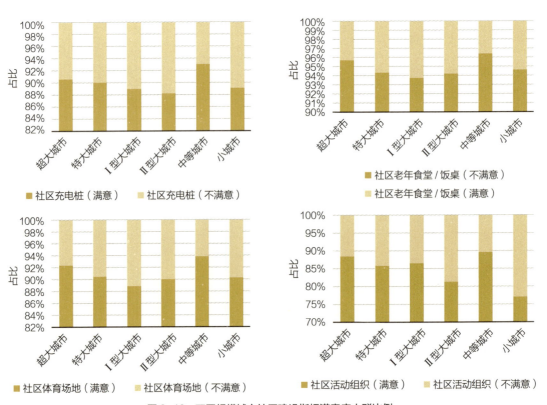

图 3-18 不同规模城市社区建设指标满意度人群比例

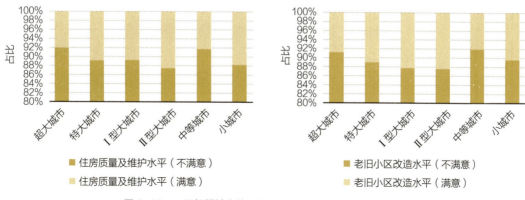

图 3-18 不同规模城市社区建设指标满意度人群比例（续）

第四节 城市风貌特色评价领先

一、风貌特色评价在 8 大维度中排名第一

风貌特色指城市独具匠心的整体风格和形象，在同质化的经济发展、工业建设及基础设施布局下，建筑特征、文化色彩和社会文明才能代表一个城市真正的风貌和内核。在 59 个样本城市中，2021 年度风貌特色评价均值为 79.93 分，相比于其他 7 个维度指标具有绝对优势，与得分第二的指标相差 2.18 分，比总体满意度和多元包容分别高 3.03 分和 5.73 分（图 3-19、图 3-20）。绝大数城市的风貌特色评价满意度高于总体满意度，表明居民普遍对于自己所在的城市风貌充满自信。

风貌特色	79.93 分
创新活力	77.75 分
安全韧性	77.62 分
整洁有序	77.19 分
总体满意度	76.90 分
交通便捷	76.43 分
生态宜居	76.13 分
健康舒适	75.92 分
多元包容	74.20 分

图 3-19 一级指标总体得分

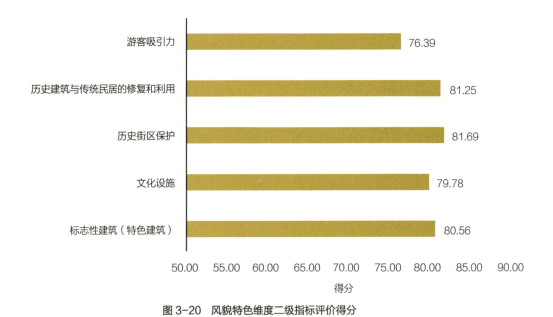

图 3-20　风貌特色维度二级指标评价得分

二、居民对历史文化保护非常认可

风貌特色维度中，历史街区保护、历史建筑和传统民居的修复利用两个指标得分较高，分别为 81.69 分和 81.25 分，七成以上居民对这两个指标的评价均为满意或比较满意，而给予负面评价的居民占比均只有 3.7% 左右，表明居民对城市历史文化保护非常认可（图 3-21）。但三亚市居民对这两项指标表示不满的占比均超过了 8%。

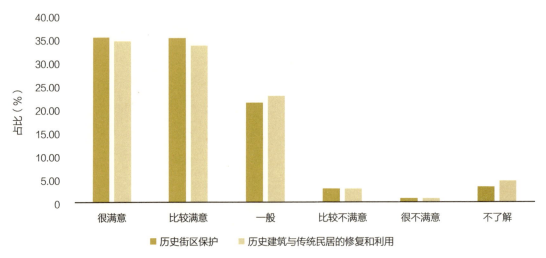

图 3-21　居民对历史街区保护、历史建筑传统民居修复利用的满意度

三、标志性建筑、文化设施等评价总体良好，部分城市评价较低

居民对城市标志性建筑和城市文化设施（图书馆、博物馆和少年宫等）方便程度的满意度很高，均超过了 85 分。其中对标志性建筑表示很满意和比较满意的居民合计占比超过了 70%，仅有 4% 的居民对标志性建筑表示不满意或比较不满意（图 3-22）。但三亚、石家庄、海口、长春、安顺、昆明、呼和浩特、乌鲁木齐和大连等城市均有 6% 以上的居民对所在城市的标志性建筑不满意或较不满意，尤其是三亚，有近 10% 的居民对此不满意。

在文化设施方面，67.89% 的居民表示其所在城市的文化设施很方便或比较方便，约有 10% 左右的居民认为其所在城市的文化设施不太方便（图 3-23）。尤其是四平，有 21.4% 的居民认为文化设施很不方便或比较不方便，而三亚也有 20.6% 的居民认为文化设施不方便。

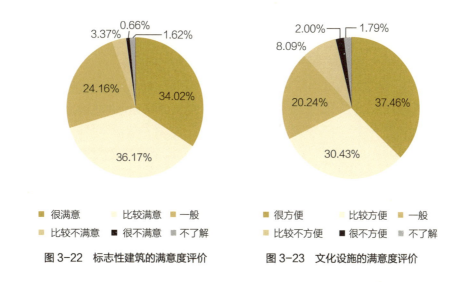

图 3-22　标志性建筑的满意度评价　　图 3-23　文化设施的满意度评价

第五节　内涝和消防等仍是影响城市安全韧性评价的主要问题

安全感是居民的基本需求。样本城市的安全韧性总体满意度为 77.62 分，相比整体满意度评价较好，表明样本城市居民认可城市安全韧性建设（图 3-24）。

一、居民对城市的社会治安及灾害事故的应对总体认可

居民对社会治安的满意度平均得分达到 84.20 分，全部 45 万位受访居民中超过 80% 对社会治安表示满意或比较满意，仅 2.35% 的居民对此不太满意。自然灾害应对和安全事故应

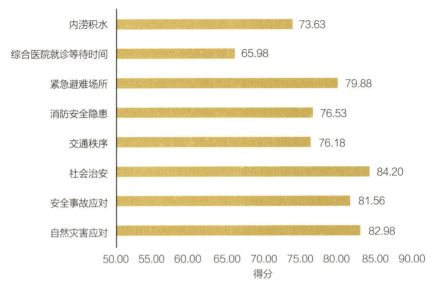

图 3-24　居民安全韧性满意度评价结果

对两项指标的评价也较高，超过 81 分，70% 以上的居民对城市的灾害应对能力满意，不满意的居民占比不足 4%。但是城市间差异较大，呼和浩特、昆明和晋城的居民中有超过 6% 的受访居民对自然灾害的应对表示不满；呼和浩特有 10% 以上的受访居民对安全事故的应对表示不满，而哈尔滨、唐山、银川、昆明和石家庄等城市对安全事故应对不满意的居民占比也超过了 8%。

在紧急避难场所方面，尽管表示满意和比较满意的居民占比稍低（59%），但不满意的居民也不足 4%，较多居民认为城市紧急避难场所"一般"，而该选项选择"不了解"的比例高达 14.4%，说明紧急避难场所的宣传介绍不足，居民对此可能难以给出评价（图 3-25）。

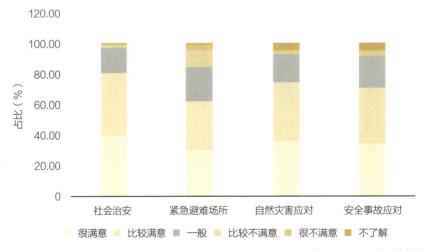

图 3-25　居民对社会治安、紧急避难场所、自然灾害及安全事故应对的满意度评价结果

二、内涝积水、交通秩序、消防安全等隐患问题引发民众担忧

居民对内涝积水、交通秩序、消防安全隐患三个指标的评价明显低于前述指标。总体有 15.60% 的居民认为周边地区在大雨天气后有较为严重的内涝积水。在呼和浩特，担心内涝积水的居民占比达到了 43.49%，海口、大庆、晋城、石家庄和昆明等城市也有超过 30% 以上的居民认为周边内涝积水问题比较严重。有 14.37% 的居民认为城市中各种车辆及路人违反交通规则的情况较多。在呼和浩特、海口、沈阳、石家庄、三亚和银川等城市，担心交通秩序问题的居民占比超过了 20%。总体有 8.31% 的居民认为社区消防安全隐患严重，其中呼和浩特和石家庄的这一比例超过 15%（图 3-26）。

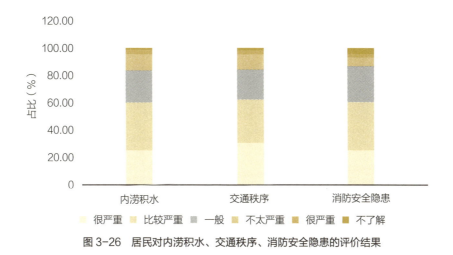

图 3-26　居民对内涝积水、交通秩序、消防安全隐患的评价结果

三、就诊难问题严重困扰民众

综合医院就诊等待时间评价是全部 67 个指标中评价最低的几项指标之一。仅 20.17% 的居民认为在综合医院就诊等待的时间很短，有 18.68% 的居民认为等待时间较短，两者一共不足四成。其中，景德镇、常德、赣州和黄石等中小城市有近六成居民认为等待时间较短。相反，全部 59 个样本城市中有 28.57% 的居民认为就诊时间较长，表明就诊难问题严重困扰居民，并且呼和浩特、沈阳和银川的受访居民中，有超过 40% 的居民认为就诊时间较长（图 3-27）。

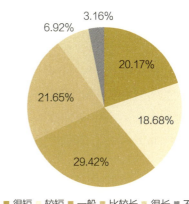

图 3-27　居民对综合医院就诊等待时间的评价结果

四、城市安全设施建设可以明显增强居民的安全满意度

通过将"城市安全韧性总体满意度"设置为因变量,选取第三方体检选取的部分客观指标作为解释变量,进行相关性检验,结果如表 3-3 所示。可以看出,"城市二级以上的医院覆盖率"与城市安全韧性满意度存在显著的正相关,表明城市二级以上医院覆盖率越高,居民的城市安全感就会越高;"避难场所面积"和"城市标准消防站及小型普通消防站覆盖率"两项指标与城市安全韧性总体满意度同样存在显著的正相关关系,表明城市避难场所面积越大、消防设施覆盖率越高则会提高居民的安全满意度。可以判断,城市安全设施建设和覆盖率的提高,可以明显提高居民的城市安全满意度。

城市安全韧性总体满意度与客观指标之间相关性关系　　　　表 3-3

客观指标	标准化系数	t	显著性
		2.082	0.042
避难场所面积(平方米)	0.494**	3.06	0.003
人均避难场所面积(平方米/人)	0.017	0.113	0.91
城市二级及以上医院覆盖率(%)	0.457***	5.328	0
城市标准消防站及小型普通消防站覆盖率(%)	0.248*	2.616	0.012

注:因变量为"安全韧性总体满意度",R^2 为 0.721。

第六节　密度过高影响城市宜居性评价

一、中小城市宜居性评价较好

从不同规模类型城市的宜居性来看,特大城市的生态宜居性评价最低(74.56 分),超大城市和大城市的生态宜居性稍高于特大城市,中小城市生态宜居评价最高(79.03 分),相比特大城市高出 4.47 分。超大城市中,深圳的生态宜居整体评价最低;特大城市中,沈阳和西安整体评价低于 70 分;大城市中,乌鲁木齐和石家庄整体评价低于 70 分(图 3-28)。

二、超大城市和特大城市人口密度问题突出

生态宜居维度下居民对 8 个二级指标的评价情况如图 3-29 所示。认为住区周边超过 18

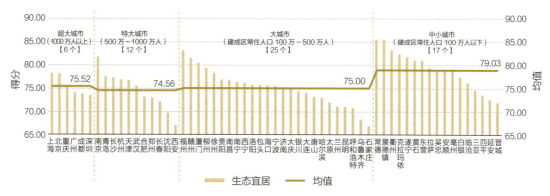

图 3-28 不同规模类型城市的生态宜居性评价

层的建筑数量"较多"和"很多"的居民比例为 33.88%，认为城市人口密度"较高"和"很高"的居民比例为 28.04%。超高建筑数量和人口密度是制约城市宜居性评价的关键因素。

比较不同规模类型城市建筑高度和人口密度的评价结果可以发现，超大城市中认为人口密度偏高的居民占比最高，达到了 41.78%，其次是特大城市，居民占比为 35.11%。除中小城市外，超大城市、特大城市和大城市中认为超高建筑数量较多的居民比例均超过了 30%（图 3-29）。中小城市人口密度、高层建筑数量的问题相对较轻。

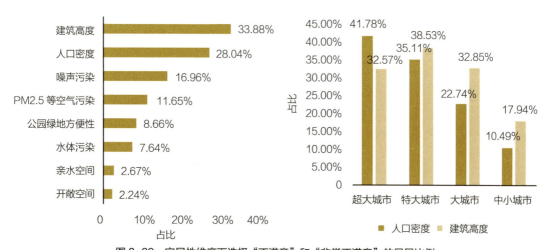

图 3-29 宜居性维度下选择"不满意"和"非常不满意"的居民比例
注：PM2.5 等空气污染指标下是选择"有点严重"和"很严重"；人口密度指标下是选择"较高"和"很高"；建筑高度指标下是选择认为周边超过 18 层的建筑数量"较多"和"很多"。

三、东北、西北地区城市的公园绿地方便性较差

从不同区域城市居民对公园绿地方便性、开敞空间以及亲水空间这三项指标的评价情况来看，东北地区和西北地区城市居民对公园绿地方便性这一指标的不满意比例超过了 10%

（表3-4）。7大片区在开敞空间及亲水空间的评价上虽然也存在差异，但差距相对较小。可见改善公园绿地的可进入性是提高东北地区及西北地区城市宜居性的关键措施。

七大片区选择"不满意"和"非常不满意"的居民比例　　　　表3-4

所属区域	公园绿地方便性	开敞空间	亲水空间
东北地区	11.48%	3.59%	4.19%
西北地区	11.39%	3.07%	3.61%
华北地区	9.51%	2.45%	3.32%
华南地区	8.99%	2.75%	2.74%
西南地区	7.78%	2.03%	2.35%
华中地区	6.11%	1.23%	1.37%
华东地区	5.29%	1.28%	1.45%

第七节　创新活力总体评价较好

创新活力是城市发展生命力的重要体现，对繁荣社会经济、增强文化品质、提高城市宜居性和提升城市竞争力等具有重要意义。我国59个样本城市的创新活力总体满意度为77.75分，相比于城市体检整体满意度得分较高，这说明相对于整体满意度而言，样本城市的创新活力总体评价情况较好。

一、城市对年轻人的吸引力和工作机会是影响创新活力评价的重要因素

在具体维度评价方面，居民对创新活力评价得分由低到高依次为：对年轻人的吸引力＜城市工作机会＜人才引进政策＜贷款方便程度＜城市开公司/办企业/做买卖的政策环境＜城市科技创新环境，说明居民对年轻人吸引力的认可度最差，对工作机会等认可度居中，对科技创新环境的社会感知评价最高。具体而言，对年轻人吸引力维度的不满意人群占比最高，达到了11.31%；对城市科技创新环境维度的不满意人群占比最低，仅为3.56%（表3-5）。说明城市改善创新活力应优先考虑年轻群体的需求，提高城市对年轻人的吸引力。

创新活力维度二级指标评价得分与不满意人群比例　　　　表 3-5

主观评价指标	社会满意度得分（分）	不满意人群比例（%）
对年轻人的吸引力	73.27	11.31
城市工作机会	75.33	8.94
人才引进政策	79.07	4.70
贷款方便程度	79.58	5.30
城市开公司/办企业/做买卖的政策环境	79.58	4.04
城市科技创新环境	79.69	3.56
总体满意度	77.63	6.31

二、创新活力社会评价的地域差异明显

以照秦岭淮河为界，把样本城市分为南方城市和北方城市，比较南方城市和北方城市居民的创新活力评价，结果显示，南方城市的创新活力比北方城市高 4.55 分。在二级评价指标中，"年轻人吸引力"的南、北方评价差距最大，达到了 7.94 分；在"贷款方便程度"方面的差距相对较小，仅为 2.64 分（表 3-6）。

南方和北方城市的创新活力社会满意度评价　　　　表 3-6

二级评价指标	南方城市均值	北方城市均值	南北差距	F 值	P 值
人才引进政策	81.24	77.11	4.13	16.12	0.000
城市工作机会	77.75	73.15	4.60	17.55	0.000
城市开公司/办企业/做买卖的政策环境	81.69	77.66	4.03	16.80	0.000
城市科技创新环境	81.75	77.83	3.92	16.46	0.000
对年轻人的吸引力	77.44	69.50	7.94	29.70	0.001
贷款方便程度	80.96	78.32	2.64	7.91	0.007
总体满意度	80.14	75.59	4.55	20.04	0.000
整体满意度	78.78	75.19	3.59	13.99	0.000

注：F 值和 P 值为方差分析对应结果

从各二级指标不满意人群比例来看,南方城市居民对城市创新活力中的人才引进政策、城市开公司/办企业/做买卖的政策环境、城市科技创新环境和贷款方便程度等二级指标不满意人群比例均低于北方城市;但在城市工作机会和对年轻人的吸引力等维度,南方城市居民的不满意人群比例高于北方城市(表3-7)。

表 3-7 南方和北方城市的创新活力二级指标不满意人群比例

二级评价指标	南方城市均值(%)	北方城市均值(%)
人才引进政策	3.57	8.24
城市工作机会	6.70	5.98
城市开公司/办企业/做买卖的政策环境	2.68	10.87
城市科技创新环境	2.60	5.08
对年轻人的吸引力	8.32	4.50

三、年轻人对创新活力评价较高,但高学历人群评价较差

图3-30分析结果显示,样本城市中20岁以下年轻群体的创新活力评价普遍较高,各维度创新活力满意度均大幅超过所有样本均值,尤其是城市开公司/办企业/做买卖的政策环境和贷款方便程度维度的创新活力评价达到了85分以上,表明年轻群体对创新活力的现状较为满意。而作为创新活力提升主力军的30~59岁中青年群体,其创新活力评价却相对较低,说明样本城市的创新活力建设内容与主要劳动人口的需求仍有较大的差距。

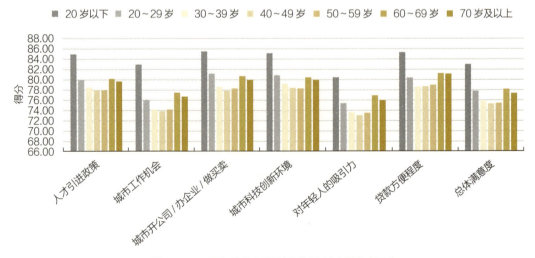

图 3-30 不同年龄段人群的创新活力社会满意度评价

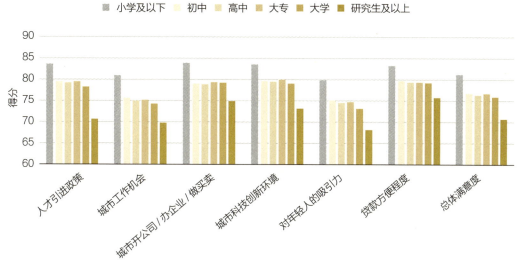

图 3-31　不同学历人群的创新活力社会满意度评价

图 3-31 分析结果显示，研究生以上学历的高学历人群的创新活力评价普遍较低，尤其是城市工作机会和对年轻人吸引力两个创新活力维度的评价低于 70 分，表明样本城市的创新活力建设内容与当地高学历人群的理想水平仍有一定的差距。

第八节　居民生活幸福感较高

59 个样本城市居民幸福感平均值为 76.60 分，其中认为生活很幸福和比较幸福的居民占比分别为 25.80% 和 38.00%，认为生活一般的居民占比为 30.70%，认为生活不太幸福和很不幸福的居民占比分别为 4.10% 和 1.30%（图 3-32）。

幸福感最高的 5 个城市是常德（85.50 分）、景德镇（83.32 分）、南京（82.94 分）、东营（82.28 分）和青岛（82.22 分），其中常德和东营约 80% 的被访者认为生活幸福。幸福感最低的 5 个城市是深圳（69.61 分）、乌鲁木齐（70.07 分）、三亚（70.10 分）、西安（71.27 分）和兰州（71.44 分），其中，深圳、乌鲁木齐和三亚约 10% 的受访居民认为生活不幸福（图 3-33）。

居民幸福感与城市社会总体满意度正相关，社

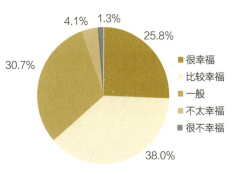

图 3-32　居民幸福感评价结果

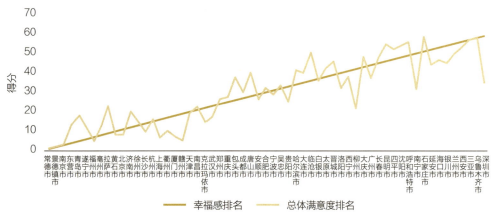

图 3-33 幸福感与社会总体满意度的城市排名

会满意度高的城市其居民幸福感也更高。但同时也存在例外，深圳、南宁、柳州和赣州等城市的社会满意度排名相比幸福感明显靠前，说明这些城市的建设与治理受到居民的认可，但居民的幸福感并不高。与此相反，东营、拉萨、大连和唐山等城市的幸福感排名相比社会满意度排名更靠前，说明这些城市没有得到居民更高的认可，但是居民的生活相对更加幸福。

居民幸福感与城市8大维度满意度均正相关。多元包容性与幸福感相关性最强，其次是交通便捷性（图3-34）。

与幸福感相关性最强的二级指标是保障性住房建设、住房租赁市场规范程度、完整社区、住房质量及维护水平等内容（图3-35）。

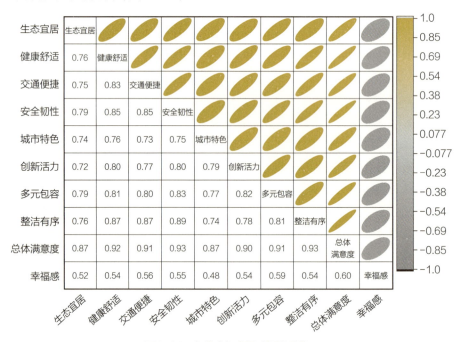

图 3-34 各维度与幸福感相关系数

上篇　城市体检总体分析与方法

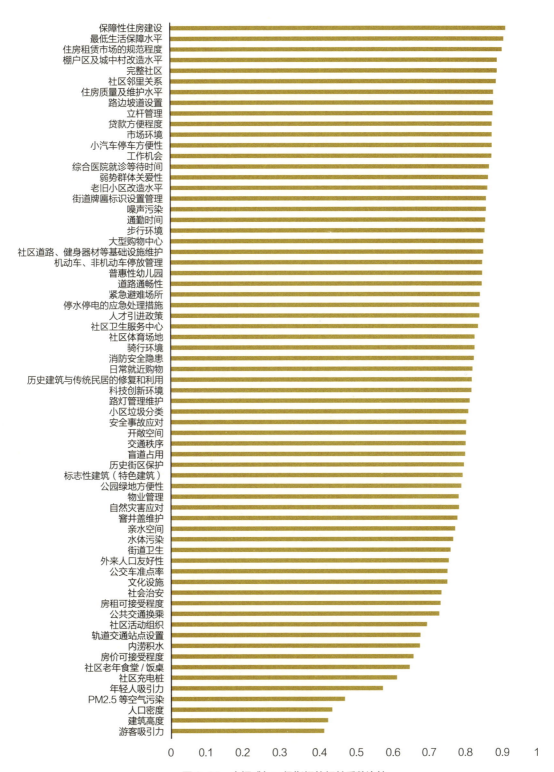

图 3-35　幸福感与二级指标的相关系数比较

85

城市人口规模与幸福感之间没有呈现出线性相关关系。中等城市居民的幸福感最高，评价均值为 79.87 分，特大城市均值为 77.82 分，仅次于中等城市。超大城市、大城市和小城市居民幸福感评价均值接近，约为 76 分（图 3-36）。

华东地区城市的居民幸福感最高，评价得分达到 80 分以上，其次是华中地区的城市。华南地区和西北地区的城市居民幸福感最低（图 3-37）。

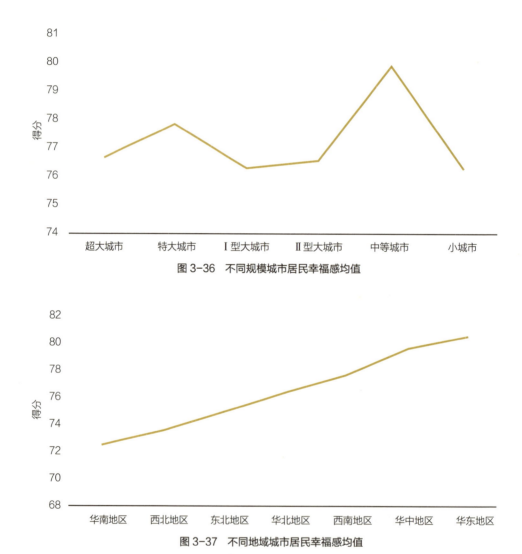

图 3-36　不同规模城市居民幸福感均值

图 3-37　不同地域城市居民幸福感均值

第四章
城市体检工作展望

当前，我国城市发展从原来的快速增长时期转向存量的提质增效和增量的结构调整并重的新发展时期。《中共中央关于制定国民经济和社会发展第十四个五年规划和二〇三五年远景目标的建议》针对城市工作，明确提出实施城市更新行动，推进城市生态修复、功能完善工程，统筹城市规划、建设、管理，合理确定城市规模、人口密度、空间结构，促进大中小城市和小城镇协调发展。为了适应新时期城市工作的发展需要，建议从以下几方面进一步加强城市体检工作。

第一节 加强城市综合发展水平评价考核

为了更好地考核城市发展质量、显示样本城市的城市体征，2021年第三方体检团队尝试建立了城市健康指数。城市健康指数是从城市体检的65项指标中选取了12项重点指标，通过加权赋值计算，形成了每个样本城市的城市健康指数值。

2021年第三方体检城市健康指数显示，从城市规模看，中小城市体检结果普遍较好，综合得分达到73分；超大、特大城市综合得分仅为69分，"城市病"问题较为突出；从区域划分来看，华东地区、西北地区城市体检结果较好，综合得分达到74分，华北地区、东北地区城市体检结果一般，其中东北地区城市综合得分仅为60分。

第二节 强化城市体检与城市更新的衔接

实施城市更新行动是党的十九届五中全会作出的重要决策部署，是《"十四五"规划纲要》明确的重大工程项目。城市体检作为城市更新的前置性制度设计，要更好地发挥监测、评价、预警的作用，要通过城市体检更加精准地发现"城市病"，通过城市更新治疗"城市病"，不搞大拆大建的外科手术疗法，倡导城市有机更新的针灸式、渐进式疗法。

2021年，《住房和城乡建设部关于在实施城市更新行动中防止大拆大建问题的通知》中明确提出加强工作统筹，坚持城市体检评估先行，因地制宜、分类施策，合理确定城市更新重点、划定城市更新单元。以补短板、惠民生为更新重点，聚焦居民急难愁盼的问题诉求，鼓励腾退出的空间资源优先用于建设公共服务设施、市政基础设施、防灾安全设施、防洪排涝设施、公共绿地、公共活动场地等，完善城市功能。

在城市更新行动中，城市体检工作要持续创新工作方法，体检工作要与城市更新实施方案制定紧密结合起来，要与政策性金融紧密结合起来，不局限于城市级的体检，要建立城市、区、街道、社区多层级城市体检评价机制，要与城市更新单元的制定紧密结合。

第三节　进一步健全城市体检制度机制

城市体检要进一步走向中小城市、县城。经过 3 轮的城市体检工作，城市体检制度已经初步建立起来。2021 年城市体检，进一步加大了对中小城市的监测评价，但目前 2800 多个县城仍然是空白。"十四五"期间，城市体检要与乡村建设评价有机结合，针对以县城为载体的新型城镇化进程中存在的短板问题，结合城市更新行动、乡村建设行动，尝试建立适合县城规划建设管理工作的城市体检指标工作方法。

第四节　推动城市体检的精细化

城市体检工作要进一步夯实技术基础。城市体检不能拘泥于整体性城市体征的监测评价，要逐步走向动态体检、精细化体检，要与新型城市基础设施建设结合起来，特别是与城市信息模型平台建设、城市运行管理服务平台相结合，加强对市政基础设施、城市环境、城市交通、城市防灾的智慧化管理，推动城市地下空间信息化、智能化管控，提升城市安全风险监测预警水平。

第五章

城市体检内容与方法

第一节　城市体检指标体系设计

一、一级分类

从生态宜居、健康舒适、安全韧性、交通便捷、风貌特色、整洁有序、多元包容、创新活力8方面建立城市体检评估指标体系，强化对历史文化保护传承、基础设施效率、生态建设、污染防治、绿色发展等方面的评估。其中生态宜居反映城市的大气、水、绿地等各类生态环境要素保护情况，以及人类活动与生态环境和谐共处情况。健康舒适反映城市社区服务设施、社区管理、社区建设的基本情况及城市居民健康生活水平的情况。安全韧性反映城市应对公共卫生事件、自然灾害、安全事故等风险防御水平和灾后快速恢复能力。交通便捷反映城市交通系统整体水平，包括公共交通的通达性和便利性。风貌特色反映城市风貌塑造、城市历史文化传承与创新情况。整洁有序反映城市市容环境和综合管理水平等情况。多元包容反映城市对老年人、残疾人、低收入人群、外来务工人员等人群的包容度。创新活力反映城市创新能力、创新环境、人力资源与产业活力的情况。

二、指标变更情况

在2020年50项城市体检指标的基础上，2021年进一步修改完善，2021年城市体检指标共65项指标，其中保留19项、取消19项、调整12项、新增34项。主要有三个变化，一是突出新发展理念，适应碳达峰、碳中和要求；二是强调底线控制，设置底线型指标共10项，导向型指标共55项；三是结合2020年样本城市自体检工作反馈情况（表5-1）。

2020年与2021年城市体检指标对照表　　　　表5-1

目标	2020年指标（50项）		2021年指标（65项）	
	序号	指标	序号	指标
一、生态宜居	1	区域开发强度（%）	1	区域开发强度（%）
	2	城市人口密度（万人/平方公里）	2	组团规模（平方公里）
	3	城市开发强度（万平方米/平方公里）	3	人口密度超过每平方公里1.5万人的城市建设用地规模（平方公里）
	4	城市蓝绿空间占比（%）	4	新建住宅建筑高度超过80米的数量（栋）
	5	空气质量优良天数（天）	5	城市生态廊道达标率（%）
	6	城市水环境质量优于五类比例（%）	6	单位GDP二氧化碳排放降低（%）

续表

目标	2020年指标（50项）		2021年指标（65项）	
	序号	指标	序号	指标
一、生态宜居	7	公园绿地服务半径覆盖率（%）	7	新建建筑中绿色建筑占比（%）
	8	城市绿道密度（公里/平方公里）	8	城市绿道服务半径覆盖率（%）
	9	新建建筑中绿色建筑占比（%）	9	公园绿地服务半径覆盖率（%）
			10	城市环境噪声达标地段覆盖率（%）
			11	空气质量优良天数比率（%）
			12	地表水达到或好于Ⅲ类水体比例（%）
			13	城市生活污水集中收集率（%）
			14	再生水利用率（%）
			15	城市生活垃圾资源化利用率（%）
二、健康舒适	10	社区便民服务设施覆盖率（%）	16	完整居住社区覆盖率（%）
	11	社区养老服务设施覆盖率（%）	17	社区便民商业服务设施覆盖率（%）
	12	普惠性幼儿园覆盖率（%）	18	社区老年服务站覆盖率（%）
	13	社区卫生服务中心门诊分担率（%）	19	普惠性幼儿园覆盖率（%）
	14	人均体育场地面积（平方米/人）	20	社区卫生服务中心门诊分担率（%）
	15	人均社区体育场地面积（平方米/人）	21	人均社区体育场地面积（平方米/人）
	16	老旧小区用地面积占比（%）	22	社区低碳能源设施覆盖率（%）
	17	高层高密度住宅用地占比（%）	23	老旧小区改造达标率（%）
	18	高密度医院占比（%）	24	新建住宅建筑密度超过30%的比例（%）
三、安全韧性	19	城市建成区积水内涝点密度（个/平方公里）	25	城市内涝积水点密度（个/平方公里）
	20	城市万车死亡率（人/万车）	26	城市可渗透地面面积比例（%）
	21	城市每万人年度较大建设事故发生数（个/万人）	27	城市道路交通事故万车死亡率（人/万车）
	22	人均避难场所面积（平方米/人）	28	城市年安全事故死亡率（人/万人）
	23	城市二级及以上医院覆盖率（%）	29	人均避难场所面积（平方米/人）
	24	城市医疗废物处理能力（%）	30	城市二级及以上医院覆盖率（%）

续表

目标	2020 年指标（50 项）		2021 年指标（65 项）	
	序号	指标	序号	指标
三、安全韧性	25	人均城市大型公共设施具备应急改造条件的面积（万平方米/人）	31	城市标准消防站及小型普通消防站覆盖率（%）
	26	城市传统商贸批发市场聚集程度（%）		
四、交通便捷	27	建成区高峰时间平均机动车速度（公里/小时）	32	建成区高峰期平均机动车速度（公里/小时）
	28	城市道路网密度（公里/平方公里）	33	城市道路网密度（公里/平方公里）
	29	城市常住人口平均单程通勤时间（小时）	34	城市常住人口平均单程通勤时间（分钟）
	30	居住区停车泊位与小汽车拥有量的比例（%）	35	通勤距离小于5公里的人口比例（%）
	31	公共交通出行分担率（%）	36	轨道站点周边覆盖通勤比例（%）
			37	绿色交通出行分担率（%）
			38	专用自行车道密度（公里/平方公里）
五、风貌特色	32	城市历史文化街区保存完整率（%）	39	当年获得国际国内各类建筑奖、文化奖的项目数量（个）
	33	工业遗产利用率（%）	40	万人城市文化建筑面积（平方米/万人）
	34	城市历史建筑平均密度（个/平方公里）	41	城市历史风貌破坏负面事件数量（个）
	35	城市国内外游客吸引力	42	城市历史文化街区保护修缮率（%）
			43	城市历史建筑空置率（%）
			44	城市国内外游客量（万人）
六、整洁有序	36	城市生活垃圾回收利用率（%）（干净）	45	城市门前责任区制定履约率（%）
	37	城市生活污水集中收集率（%）	46	城市街道立杆、空中线路规整性（%）
	38	建成区公厕设置密度（座/平方公里）（干净）	47	城市街道车辆停放有序性（%）
	39	城市各类管网普查建档率（%）	48	城市重要管网监测监控覆盖率（%）

续表

目标	2020年指标（50项）		2021年指标（65项）	
	序号	指标	序号	指标
六、整洁有序	40	实施专业化物业管理的住宅小区占比（%）	49	城市窨井盖完好率（%）
			50	实施专业化物业管理的住宅小区占比（%）
七、多元包容	41	常住人口基本公共服务覆盖率（%）（社保、医疗、教育、住房）	51	道路无障碍设施设置率（%）
	42	公共空间无障碍设施覆盖率（%）	52	城市居民最低生活保障标准占上年度城市居民人均消费支出比例（%）
	43	城市居民最低生活保障标准占上年度城市居民人均消费支出比例（%）	53	常住人口住房保障服务覆盖率（%）
	44	房租收入比	54	住房支出超过家庭收入50%的城市家庭占比（%）
	45	房价收入比	55	居住在棚户区和城中村中的人口数量占比（%）
	46	城市常住人口户籍人口比例（%）	56	城市小学生入学增长率（%）
	47	城镇新增就业人口中大学（大专及以上）文化程度人口比例（%）	57	城市人口年龄中位数（岁）
	48	全社会R&D支出占GDP比重（%）	58	政府负债率（%）
八、创新活力	49	非公经济增长率（%）	59	城市新增商品住宅与新增人口住房需求比（%）
	50	万人高新技术企业数（个/万人）	60	全社会R&D支出占GDP比重（%）
			61	万人新增中小微企业数量（个/万人）
			62	万人新增个体工商户数量（个/万人）
			63	万人高新技术企业数量（个/万人）
			64	万人上市公司数量（个/万人）
			65	城市信贷结构优化比例（%）

第二节 第三方体检方法

一、数据采集

第三方城市体检工作中，进一步完善针对样本城市的建设用地、建成区人口、建成区边界等基础数据的采集系统，构建形成样本城市6大基础数据集。以公开发布的统计数据为基础，结合现场采集数据和互联网大数据等，建立城市体检基础数据库。采用数据截止时点为2020年12月31日。

具体来看：

一是基于遥感数据的城市建成区边界数据集建设；

二是基于遥感+大数据的建成区居住用地数据集建设；

三是基于遥感数据的建成区开发强度数据集建设；

四是基于手机信令等社会感知多源数据的建成区人口数据集建设；

五是基于地方城市采集的建成区社区边界数据集建设；

六是基于遥感数据的城市组团与生态廊道数据集建设。

根据目前的城市体检工作内容，主要需采集获取的数据包括城市体检指标相关数据（基础指标库、指标体系、指标数据、指标支撑数据）、城市基础数据（行政区划、兴趣点数据、路网数据等）、城市运行感知数据（如实时环境数据、交通数据等）等。

1. 城市体检指标相关数据

该部分主要包括第三方城市体检指标数据、城市自体检数据等。

其中第三方城市体检指标数据来源包括基于自采集的城市基础数据计算获取、大数据企业提供等。城市自体检指标数据来源包括城市通过文件上报、与样本城市体检平台接口对接获取、人工填报录入等。

2. 城市基础数据

该部分为进行城市体检结果分析和可视化展示所需的城市空间基底数据，如行政区划、兴趣点数据、路网数据等，矢量特征包括点、线、面等。该部分重点通过多源大数据、遥感影像和与CIM平台等对接获取。收集方法为人工收集上传和通过数据接口自动获取结合。

城市基础数据包括但不限于表5-2中所列数据集。

3. 城市运行感知数据

对于多维度、时空精细化的城市运行与感知数据工作，主要集中在生态环境、人口、交通等方面。数据来源为互联网大数据、相关部门数据平台等。数据获取方法为通过自动化程序和数据接口获取。城市运行感知数据包括但不限于表5-3中所列数据集。

城市基础数据及采集方式 表5-2

数据集名称	说明	采集方式	更新频率
城市市级、区级、街道级行政边界数据	支撑指标计算及可视化展示	官方公开数据	年度
城市建筑白模数据	城市建筑单体白模数据	遥感影像识别/电子地图数据	年度
遥感影像数据	根据城市体检指标计算和可视化展示需求获取城市不同分辨率遥感影像数据	电子地图数据	年度
POI数据	包括便民服务点POI、公交站POI等城市各类POI数据	电子地图数据	年度
城市路网数据	城市各级路网数据	电子地图数据	年度
城市蓝绿空间、不透水层等相关数据	包括TIF类型数据、图片等	遥感影像识别/电子地图数据	年度

城市运行感知数据及其采集方式 表5-3

数据集名称	说明	采集方式	更新频率
生态环境——空气质量	支撑空气质量优良天数比率计算	生态环境部数据	每天
生态环境——水质量	支撑地表水达到或好于Ⅲ类水体比例指标计算	电子地图数据	每天
人口（全市、各区常住人口数量等）	支撑人口相关指标计算	基于大数据测算	月度或更高频率
交通（道路拥堵情况、事故发生情况等）	支撑"交通便捷"相关指标计算	遥感影像识别/电子地图数据	月度或更高频率

二、指标计算与分析

指标计算主要包括建立指标计算模型和算法。通过对各城市体检指标进行城市间的横向对比和排序，反映城市间发展的差异。从指标的空间性、结构性与时序性等方面，综合分析指标的空间、时间和过程性变化情况。以系统性、整体性为引领，从指标间的关联分析找到相关规律及问题，完成第三方城市体检的指标计算和城市体检评价工作。

指标计算决定指标诊断结果，对指标数据的分析要与城市体检的工作目标契合，明确结果导向、问题导向、目标导向并举的路径，形成清晰的评价结论，评价结论应显示出城市建设存在的问题和短板，引导城市向高质量的人居环境目标迈进。结合经验，按照指标分类、指标评价、综合分析、无量纲化计分四个步骤开展。

1. 指标分类

根据指标性质可分为基期型、适宜型、达标型三类（图 5-1）。

基期型指标：属于底线约束类指标，根据底线类型（上限或下限）分为正向基期型、逆向基期型。针对一旦产生就对城市正常运行和基本生存保障产生显著影响的城市问题，关系到必要的民生利益，如交通拥堵、空气污染等。

适宜型指标：指标诊断标准为区间阈值，若指标值处于该区间段，则诊断结果为适宜状态，若指标值偏离区间阈值，以偏离水平评价"不健康"程度及城市问题等级。例如区域开发强度、城市人口密度等。

达标性指标：属于鼓励、引导型指标，根据目标类型（正向指引或负向指引）分为正向达标型、逆向达标型。出于对城市发展有更高要求，如在城市创新能力、绿化、教育服务、碳排放等方面要实现更高的成就，为指标设立目标，鼓励指标结果向目标靠近。目标值来源包括规划目标、标杆城市指标值、国际标准等。

其中，基期型和达标型指标，又可根据结果导向分为正向型和逆向型两类。正向型即指标值越高越好，逆向型即指标值越低越好。

结合上述两项指标分类原则，所有指标可分为正向基期型、逆向基期型、适宜型、正向达标型、逆向达标型 5 种类型。

图 5-1 指标按数据结果导向分类

2. 指标评价

采取 3D 六维指标分析法开展指标评价（图 5-2）。"3D"是上述指标分类（基期型、适宜型、达标型三类）、城市属性和特征、指标评价标尺三个因素。"六维"是指标评价标尺的六个维度，具体包括：

（1）国家及地方标准规范（体现城市建设的基本达标水平）；
（2）国际标准（反映城市建设发展的更高要求）；
（3）标杆城市指标（反映城市建设发展的更高要求）；
（4）城市发展目标（反映城市建设的目标愿景）；
（5）历史数据（反映城市建设的近年成效）；
（6）社会满意度调查（反映市民对城市的认可程度）。

此外，由于部分指标结果与城市规模、城市道路密度与城市形态、经济发展水平等城市属性和特征强相关。城市属性和特征是影响指标评价标尺的选择和参考方式的关键因子。例如，平均单程通勤时间、公共交通分担率与城市规模强相关，专业化物业管理水平与经济水平强相关。

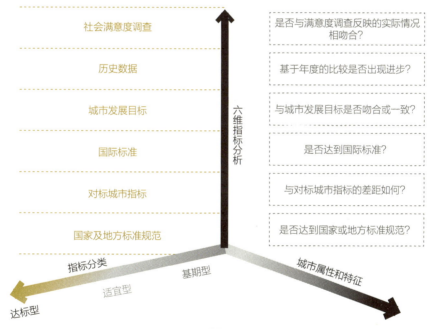

图 5-2　3D 六维指标分析法示意图

具体来看，指标评价过程中，对不同指标的评价标尺可分为为两大类：

一是评价的标准值。基期型指标的底线值、适宜型指标的阈值、达标性指标的目标值都是标准值。从指标定义和评估目的出发，参考多种指标评价标尺，包括历史数据、国家及地方标准规范、对标城市指标值等，确定标准值，划分出达标、不达标区间或者适宜、不适宜区间。

二是评价的评优值。根据指标数据导向及体检工作需要，确定评优值，进一步划分出达标—优秀区间（图 5-3）。

3. 综合分析

城市是复杂巨系统，对城市问题的分析更需强调整体性、系统性。城市体检工作中，基于体检指标体系的城市问题分析工作将强调以下关切：

（1）科学划分城市问题类型

科学分析城市问题，合理划分城市问题的类型，有助于对城市问题对症下药、精准施策，支撑城市高水平治理。

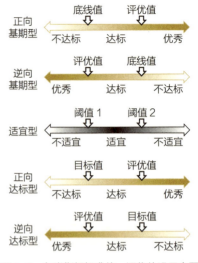

图 5-3 各类指标标准值、评优值设示意图

具体来看，城市问题可按以下原则作大体划分：

1）治理的难易程度：城市问题根据治理难度的不同，可分为高难度、中等难度、低难度等类型；

2）影响的重大程度：根据城市问题影响程度的不同，可分为轻微、中等、严重等类型；

3）影响的范围大小：根据城市问题影响范围的不同，可分为全市性城市问题、局部性城市问题等。

此外，城市问题的复杂性导致往往仅靠一个指标不能完整反映情况，需要多指标综合考虑。尤其是城市问题轻微、中等、严重的程度判定，更应综合分析涉及指标的类型与目标标准。因此，从指标间的关联分析找到相关规律及问题是 2021 年城市体检的重要关切。

（2）关注区域特性

我国幅员辽阔，2021 年参与体检的 59 个样本城市覆盖 31 省（自治区、直辖市）。考虑一些城市问题、城市病具有典型的地域特征，按照城市体检工作"横向到边、纵向到底"的工作原则，对体检指标将在地域空间上进一步纵向分解和横向对比，分析城市问题空间分布，有利于进一步校核。

（3）厘清指标结构

部分体检指标计算方式复杂，指标结果来源于多个子项体检结果加权综合。对指标构成的子项进行分解有助于找到城市问题的具体根源，避免因指标整体结果优良而忽视了对分项指标异常的把握。

（4）揭示指标背后的城市运行状况

各个指标体检结果不仅反映了指标的现实状况，通过挖掘指标背后城市运行流程，能进一步揭示城市问题发生的具体环节。

通过以上方法对第三方城市体检结果进行全面分析，形成对全国城市的综合评判和对具体样本城市的具体分析，为下一步实现城市体检成果运用，推动城市更新提供有力支持。

第三节　城市自体检方法

一、指标体系

在65项城市体检指标之外，鼓励地方结合实施城市更新行动的需要，按照重点工作、群众关切、数据可得的原则，增加特色指标。综合考虑国家政策、标准规范、各地发展状况等，因地制宜制定城市体检评估指标的评价标准供各城市参考。各城市可以参照城市体检评价标准，结合城市发展目标与实际情况调整确定各项指标的评价标准及阈值。

二、数据采集

城市自体检工作由各城市人民政府主导，数据采集以政府部门数据为主，辅以满意度调查数据、大数据、相关研究数据等相互校核。明确统计数据、各部门各行业数据、互联网大数据、遥感数据、专项调查数据等各类指标的数据来源和采集方式，并把各项指标数据采集任务分解到相关部门和各区及其所辖街道、社区。指标数据的采集范围一般为城市市辖区的建成区，部分指标可拓展到市辖区和市域范围。专项调查数据的采集分为社会满意度调查、专项工作调查两类。

三、分析评价

立足城市社会经济发展水平和所在区域发展要求，对照相应的标准，对城市体检评估指标进行拆解测算分析，客观评价城市建设发展状况和水平，系统梳理"城市病"问题治理情况。通过单项指标分析、多指标综合分析、对标城市对比分析、与历史年份数值对比分析等方式，分析城市规划建设管理的状态、水平和趋势。聚焦城市更新行动，通过主客观指标相结合来分析诊断，识别存在的问题和短板，深入分析问题产生原因，提出治理措施建议。

四、成果应用

在综合体检评估指标分析和社会满意度调查结果基础上，编制年度城市体检报告。城市体检报告主要内容包括：本年度城市体检概要，主要反映城市当前人居环境总体情况，诊断发现的主要问题，相关对策建议及整改行动等；体检评估指标项的计算结果及综合分析结论、社会满意度调查主要结论；上一年度体检发现问题的整治情况，城市更新进展情况评价结果，治理对策及行动建议等。

通过城市体检评估，系统分析城市在健全体系、优化布局、完善功能、提升品质、增强韧性、智慧高效、绿色低碳等方面存在的问题和不足，合理确定城市更新重点，根据年度城市体检结果，编制城市更新年度整治行动计划。结合实施城市更新行动，建立城市、区、街道、社区多层级城市体检评估机制；加强城市底图底数的梳理，通过体检评估摸清人口、建筑、用地情况；与城市更新单元的划定和项目的确定紧密结合，因地制宜、分类施策。通过年度体检，加强城市更新绩效、项目后评估的动态监测，确保城市更新项目落地落实。

第四节 社会满意度调查和评价

一、指标体系

社会满意度调查的目的是围绕八大一级指标了解居民对人居环境建设成效满意程度，充分反映各类人群的诉求，从而体现"人民城市人民建"的理念，最终目标是建设人民满意的城市，促进城市高质量发展。

围绕城市体检八大一级指标，设计67项二级指标，指标体系构成如表5-4所示。

城市体检社会满意度指标体系构成   表5-4

一级指标	二级指标	一级指标	二级指标
生态宜居	开敞空间	健康舒适	完整社区
	亲水空间		日常就近购物
	人口密度		大型购物中心
	建筑高度		社区老年食堂/饭桌
	公园绿地方便性		普惠性幼儿园
	噪声污染		社区卫生服务中心
	PM2.5等空气污染		社区体育场地
	水体污染		社区充电桩

续表

一级指标	二级指标	一级指标	二级指标
多元包容	房价可接受程度	健康舒适	社区道路、健身器材等基础设施维护
	房租可接受程度		社区活动组织
	住房租赁市场的规范程度		社区邻里关系
	外来人口友好性		住房质量及维护水平
	弱势群体关爱性		老旧小区改造水平
	最低生活保障水平	安全韧性	社会治安
	保障性住房建设		交通秩序
	棚户区及城中村改造水平		消防安全隐患
	盲道占用		紧急避难场所
	路边坡道设置		综合医院就诊等待时间
整洁有序	小区垃圾分类		内涝积水
	物业管理		自然灾害应对
	街道卫生		安全事故应对
	窨井盖维护	交通便捷	步行环境
	立杆管理		骑行环境
	路灯管理维护		公交车准点率
	机动车、非机动车停放管理		公共交通换乘
	街道牌匾标识设置管理		轨道交通站点设置
	停水停电的应急处理措施		道路通畅性
创新活力	人才引进政策		小汽车停车方便性
	工作机会		通勤时间
	市场环境	风貌特色	标志性建筑（特色建筑）
	科技创新环境		文化设施
	年轻人吸引力		历史街区保护
	贷款方便程度		历史建筑与传统民居的修复和利用
			游客吸引力

二、问卷实施及清洗

综合考虑问卷预期回收质量、回收效率以及新冠肺炎疫情防控现状，2021年社会调查全部采用网络问卷的形式。通过多种渠道将问卷通过网页、小程序等形式在居民中分发和回收。调查人群要求如下：

（1）目标人群为16周岁以上的当地常住居民。2021年调查主体对象界定在样本城市的常住居民，即相对稳定居住半年以上的居民，不包括短期停留或旅游、务工不足半年的群体。这是因为只有稳定居住一定时间，才能对所居住城市环境有一定的了解和认识，对这些人群的调查，才能反映出城市真实建设状况。

（2）年龄、性别分布应合理，尽量和本城市真实人口结构接近，男女性别比例相当。年龄分布均匀，16~30周岁，占30%左右；30~60周岁，占55%左右；60周岁以上，占15%左右，比例浮动不超过5%。

（3）不同职业、户籍和不同收入人群都要覆盖。涵盖党政机关或事业人员、教育科研人员、企业员工、工人、个体经营者、待业者等各行各业人员；流动人口、本地人口；覆盖低、中、高收入人群。但党政机关或事业人员比例不宜过高。

最后，在调查范围上尽量和城市体检范围一致，调查范围以城市化区域为主，不宜范围过大，超出建成区域。

调查问卷于2021年7~9月进行，全部回收完成后，首先需要删除回答不完整的问卷，然后对各城市全部回答完整的问卷进行样本属性分析，如果发现存在较大的样本属性偏差，例如女性样本过多、高学历样本过多以及党政机关人员的样本占比过多等情况，则需要通过二次随机抽样，将性别比例、收入比例、学历比例以及职业比例等基本居民属性控制在合理范围。

三、分析方法

社会满意度的计算主要包括三个方面：一是67个二级指标得分的计算，二是8个一级指标得分的计算，三是城市体检总体社会满意度的计算。

1. 分项指标计算

在计算最基础的67个二级指标的总体满意度分值时，需要先对满意度评价的等级选项进行赋值。67个二级指标选项为五分量表法，根据回答选项从低到高依次赋值为20、40、60、80、100，具体选项赋值对应情况如表5-5所示。如果居民回答"不了解"，则该居民不计入计算该指标平均值的样本量。

不同选项对应的分值 表 5-5

回答选项	赋值
很满意/很适合/很友好/不严重/很轻/很低/很大/很方便/很规范	100
满意/适合/友好/不太严重/较轻/较低/较大/比较方便/比较规范	80
一般	60
不满意/不适合/不友好/有点严重/较高/较小/不太方便/不太规范	40
很不满意/很不适合/很不友好/很严重/很高/很小/不方便/很不规范	20
没有*	0
不了解	不计分（即不参与计算平均值）

* 仅部分设施类指标选项增加"没有"这一选项，赋值为 0，但 57 题"地铁、轻轨满意程度"一题，若该城市没有地铁轻轨，则这一题不纳入指标计算，即该城市的指标数为 66 题。

根据上述满意度赋值原则，设计了具体评价值的计算方法，对 67 个二级指标的总体满意度 Q_i 评价统一采用下式计算：

$$Q_{t_i} = (C_i \cdot 100 + D_i \cdot 80 + E_i \cdot 60 + F_i \cdot 40 + G_i \cdot 20) / (I_i - H_i)$$

式中 Q_{t_i}——第 i 个指标的满意度评价分值，i = 1，2，…，67（分别代表 67 个二级指标）；

C_i，D_i，E_i，F_i，G_i——分别表示针对第 i 个指标的全部有效问卷中选择非常满意、比较满意、一般、比较不满意、非常不满意选项的样本数，i = 1，2，…，67（分别代表 67 个二级指标）；

100，80，…，20——表示"很满意"，"满意"，…，"很不满意"所代表的分值；

I_i——调查总样本数 i = 1，2，…，67（分别代表 67 个二级指标）；

H_i——该指标全部问卷中选择"不了解"的样本数，i = 1，2，…，67（分别代表 67 个二级指标）。

举例：第 1 项二级指标"城市开敞空间（公园、广场、步行街等）的满意度"的统计数据如表 5-6 所示。

某城市开敞空间（公园、广场、步行街等）的满意度统计表（仅为假设案例） 表 5-6

问卷选项	很满意	满意	一般	不满意	很不满意	不了解
样本数	899	3664	2615	294	50	124
对应分值	100	80	60	40	20	—

该指标的总体满意度评价分值的计算方法是按下式求得：

$$Q_{t_{17}} = (C_{17} \cdot 100 + D_{17} \cdot 80 + E_{17} \cdot 60 + F_{17} \cdot 40 + G_{17} \cdot 20) / (I_{17} - H_{17})$$
$$= (899 \cdot 100 + 3664 \cdot 80 + 2615 \cdot 60 + 294 \cdot 40 + 50 \cdot 20) / (7646 - 124)$$
$$= 73.48（分）$$

即：某城市"城市开敞空间（公园、广场、步行街等）的满意度"的总体满意度评价得73.48分。

2. 各一级指标评价得分计算

2021年社会满意度调查的8个一级指标的得分情况通过计算该项一级指标下所有二级指标的平均值获得，即：

$$QT_j = (Qt_1 + Qt_2 + Qt_3 + \ldots + Qt_n) / n$$

式中，QT_j 表示第 j 个一级指标的得分，取值为 1-8，Qt_1 至 Qt_n 是该指标下的二级指标得分。如表5-4所示，生态宜居一级指标下有8个二级指标，则生态宜居指标的得分为8个二级指标的平均值。需注意的是，交通便捷维度下，对于有轨道交通的城市来说是8个二级指标的平均值，但对于没有轨道交通的城市来说是7个二级指标的平均值。

3. 城市体检总体社会满意度计算

城市体检总体社会满意度通过计算8个一级指标得分的平均值得出，即：

$$QZ = (QT_1 + QT_2 + QT_3 + QT_4 + QT_5 + QT_6 + QT_7 + QT_8) / 8$$

式中，QZ 表示城市体检总体满意度评价的分值；QT_1 到 QT_8 分别表示第1~8个一级指标的满意度评价分值。

下篇
样本城市城市体检分析

第六章

华北地区城市

北京

张鸽 摄影

陈栋 摄影

天津

陈月峰 摄影

陈月峰 摄影

陈月峰 摄影

陈月峰 摄影

河北 石家庄

石家庄市住房和城乡建设局供图

石家庄市住房和城乡建设局供图

石家庄市住房和城乡建设局供图

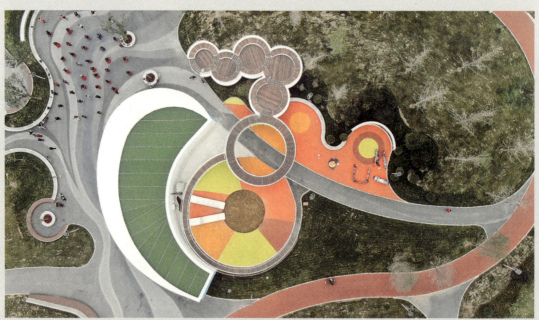
石家庄市住房和城乡建设局供图

河北
唐山

唐山杰美广告有限公司供图

唐山杰美广告有限公司供图

山西
太原

太原市住房和城乡建设局供图

太原市住房和城乡建设局供图

太原市住房和城乡建设局供图

山西 晋城

晋城市住房和城乡建设局供图

晋城市住房和城乡建设局供图

晋城市住房和城乡建设局供图

呼和浩特
内蒙古

呼和浩特市住房和城乡建设局供图

呼和浩特市住房和城乡建设局供图

呼和浩特市住房和城乡建设局供图

呼和浩特市住房和城乡建设局供图

内蒙古
包头

包头市住房和城市建设局供图

包头市住房和城市建设局供图

第一节　北京

一、主要成效

一是城市创新氛围好，经济发展活力高。北京市集中了全国顶尖的教育科研机构，高水平人才聚集，全市每年用于基础研究、应用研究和试验发展的经费支出占国内生产总值（GDP）的比例较高，万人高新技术企业数量值较大，位居全国第一，城市创新氛围较好。二是城市风貌特色显著。北京市保留有众多极具特色的历史街区及传统建筑，且对历史文化街区的保护修缮率较高，文化建筑数量众多，城市风貌特色显著。三是城市交通便捷，交通体系完善。北京市城市交通体系建设完善，轨道站点周边覆盖通勤比例高。四是城市多元包容性强。北京市人文关怀度高，城市建设对老弱病残群体的关照性较好。五是城市安全韧性强。北京市注重城市安全保障设施建设，人均避难场所面积高，城市二级及以上医院覆盖率大，城市标准消防站及小型普通消防站覆盖率较高。

二、存在的主要问题

综合来看，北京市城市建设整体水平较高，然而在多元包容、生态宜居和交通便捷以及城市空间使用的精细化管理方面仍需要进一步提升。具体体现如下：

一是城市人口密度、建筑密度问题突出。北京市近年来采取功能带动人口疏解政策，控制人口规模过快增长，但人口规模大、人口密度高等问题仍然突出。二是生态问题仍然突出，环境治理工作仍需加强。北京市全年空气质量优良天数比率较低，城市公园绿地服务半径覆盖率人均较低，并且还存在一定的噪声污染，水体达标率一般，生态问题仍然突出。三是交通状况有待改善，高峰期易出现拥堵。城市整体建设水平高，但居住舒适度不足。北京市人口密集，加之城市规模大、房价高等多方面原因，导致大部分城市常住人口通勤距离较大，城市高峰期道路拥堵的情况较多。此外，城市街道车辆停放有序性也有待加强。四是城市多元包容亟需提升。房租房价可接受程度低，居民生活成本和负担仍然较重。

三、意见建议

总体而言，北京市城市建设水平较高，多项指标位居全国领先水平。然而，距离首都高质量发展目标的实现，还需要在多个方面补齐短板。具体来说，还需要进一步加强城市治理水平，改善城市生态环境。

一是坚持创新引领发展，发挥科技和人才优势，激发科学研发的潜力，实现从生活成本投入到科研效益产出的实质转化。二是推动集约型内涵式发展，有效疏解非首都功能。应基于科学合理的城市定位和功能结构，在促进城市可持续发展的前提下，实现人居环境的质量提升。三是重视居民住房压力，缓解房价房租过高等痛点问题，应合理适度调控房地产市场，维护和整顿房地产市场秩序。在现有的城市吸引力基础上，增强北京市自身的城市黏性，留住优质人员、高学历人才。

第二节　天津

一、主要成效

生态宜居方面，环境质量稳步改善，单位 GDP 二氧化碳排放量累计下降 23% 以上，空气质量优良天数为 2013 年以来最好水平，生态修复工作效果显著。城市扩张蔓延趋势降低，双城发展格局初具规模；健康舒适方面，公共服务设施逐步完善，民心工程有效缓解"一老一小"问题。安全韧性方面，地铁高速公路等建设全面提速，交通秩序明显好转，绿色交通出行量占比高，交通事故率较低，城市安全性不断提升；风貌特色方面，历史文化保护成效显著。天津市平均每万人公共图书馆建筑面积远超全国平均水平；创新活力方面，营商环境持续优化，R&D 投入强度位居样本城市前列。

二、存在的主要问题

生态宜居水平有待提高，城市空气、水等环境问题依然严峻。城市道路交通体系仍存在短板。城市路网分布不均衡，疏密差异明显。骑行空间专用路权保障性有待进一步提升。

三、意见建议

持续改善生态宜居环境质量，落实最严格的生态环境保护制度，消除重污染天气。推进传统行业转型升级，推动绿色协同发展；完善交通便捷水平，优化路网结构；提升城市创新活力，提高人才吸引力。

第三节　石家庄

一、主要成效

一是城市交通便捷性好，绿色出行比例较高，城市道路网密度、平均机动车速度、绿色交通出行分担率等指标均保持稳定发展态势，居民满意度亦较高。二是城市市容整洁有序，城市管理水平得到提升。通过市容秩序集中整治和街道景观专项整治等活动大幅提升省会形象，居住小区物业管理覆盖广，城市管理水平不断提升。三是科技创新引领产业转型，企业催生城市活力，在中小微企业、个体工商户等商业实体发展指标和城市小学生入学增长率、城区 5G 覆盖率等方面均领先于一些一线城市，全社会 R&D 支出占 GDP 比重稳步增长，城市研发和创新投入充足。四是重视保障弱势群体，逐年提高城市居民最低生活保障标准，推进保障性住房建设的同时不断扩大保障人群，采取多种手段提供住房保障服务。

二、存在的主要问题

一是生态环境建设面临挑战，人工环境质量有待提高。由于历史原因空气污染虽逐渐改善好转，但仍处全国落后水平，公园绿地仍存在服务盲区，居民对噪声污染、建筑高度、人口密度等满意度不高。二是社区服务设施供给不足，健康舒适水平偏低，完整居住社区建设处于起步阶段，社区养老设施和社区体育设施短板明显。三是消防安全有待加强，应急避难设施有待完善。消防设施规模不足，建成区内现状人均避难场所面积对比其他样本城市处于较低水平。四是城市风貌特色平淡，缺少传统历史文化资源，没有历史文化街区。五是城市风貌特色平淡，缺少传统历史文化资源，游客吸引力不强。

三、意见建议

一是加大生态投入与污染防治力度，提升生态生活环境质量。二是提升公共服务设施水平，构筑健康舒适空间。三是强化消防、避难设施配建，推动海绵城市建设。四是塑造现代风貌特色，提升城市管理水平。五是改善投融资环境，全面提升城市吸引力。六是加强房地产市场调控，提升城中村改造力度和深度。七是加强自行车和停车设施建设，优化交通通行环境。八是加大管网监测监控，提升城市治理能力。

第四节　唐山

一、主要成效

生态宜居方面，污水处理、环卫、噪声控制、绿色节能、建设空间尺度等生态宜居要素情况良好，成功创建国家森林城市。健康舒适方面，学前教育、文化、体育、棚改和城中村改造等指标表现良好，入选中国地级市全面小康指数前 100 名和第四批国家公共文化服务体系示范区。安全韧性方面，安全事故呈下降趋势，中小学应急教育普及率、高等级医院覆盖、雨污分流、市政管网更新及加装监控设备等指标表现良好。交通便捷方面，道路设施逐步完善，交通压力有所缓解，通勤时间远低于全国标准，渠化路口方面改造入选河北城市管理十大典型案例。风貌特色方面，文化、工业遗产、历史建筑、城市设计奖项、重点地区城市设计等风貌特色要素情况良好，入选第一批国家文化和旅游消费试点城市。整洁有序方面，门前责任区、窨井盖、公厕等指标表现良好，城市品质与精细化管理水平逐步提升。多元包容方面，道路无障碍设施建设、城市困难居民生活保障等指标表现良好，城市包容度较高，保障民生迈上新台阶。创新活力方面，市场、创新活力较高，学位增长、金融信贷、万人高新技术企业、智慧城市等要素指标表现突出，荣获 2018 中国企业营商环境十佳城市、河北省第一批新智慧城市建设试点城市。

二、存在的主要问题

一是生态环境治理任务繁重，环境容量不足。单位 GDP 二氧化碳排放高于国家及河北省标准，空气质量和地表水质在全国城市中排名靠后，此外，区域开发强度较低。二是民生领域居住区、社区配套服务仍有短板，城市精细化治理水平有待继续提高。社区卫生服务中心门诊分担率、人均社区体育场地面积、社区便民养老服务设施覆盖率、社区低碳能源设施覆盖率偏低，教育供给和布局不足。三是道路拥堵、停车位不足问题凸显，交通供给服务水平需要提升。公交站点覆盖率、城市万人公交车拥有量低于国家标准要求。绿色交通发展较为滞后，绿色交通出行分担率、专用自行车道密度偏低。通勤距离较长，且满意度较低。四是自主创新能力不强，协同发展水平有待提升，高新技术活力亟需加强。全社会 R&D 支出占 GDP 比重、万人上市公司数量、万人高新技术企业数量在对标城市中排名均处于中下游。

三、意见建议

一是坚决打赢污染防治攻坚战，推进生态环境质量持续改善。二是加快社区、居住区设施建设和城市精细化治理，提升人民群众获得感幸福感。三是加快道路、停车等设施建设，提升交通供给服务水平。四是深度融入京津冀协同发展，加快建设创新唐山。

第五节　太原

一、主要成效

生态宜居方面，通过城市修补和生态修复，强化名城山水大格局保护。彻底告别散煤供暖历史，市区空气综合污染指数显著下降。公园绿地、绿道服务半径覆盖较高；城市环境噪声治理处于全国前列。健康舒适方面，城市便民商业服务设施和社区老年站实现了全覆盖，公共活动空间建设情况整体良好，社区低碳能源设施逐步提高。安全韧性方面，安全生产形势稳中向好，防洪排涝能力稳步提升。交通便捷方面，道路通畅水平持续提升，绿色交通体系不断完善，通勤方式不断优化，便捷程度显著提高。风貌特色方面，历史文化街区和历史建筑保护成效显著，文化旅游 IP 逐渐形成。整洁有序方面，加快市政基础设施建设改造，市容环境和综合管理水平不断加强。利用综合管理服务平台，推动城市运行"一网统管"，打造全省数字治城样板间。多元包容方面，重视城市基本公共服务体系的资金投入水平和服务水平，最低生活保障省内领先。创新活力方面，坚持创新转型发展，贯彻落实人才强市战略，激励专业技术人才积极性，持续优化营商环境。

二、存在的主要问题

一是生态环境治理和宜居城市建设存在短板。水资源、水生态、水环境"三水"统筹仍需加强。环境空气质量与周边城市相比仍有较大差距。城市公园绿地存在服务盲区，社区级公园和街头游园整体数量偏少，社区级绿道建设有待加强。再生水利用率水平有待提高。二是社区公共服务设施服务质量有待加强，完整社区覆盖率水平一般，部分老旧社区的公共服务设施配套不足，服务质量有限。社区卫生中心门诊分担率有待加强。人均社区体育场地数量和设施质量有待提高。社区老年服务站功能单一。三是避难场所建设亟待完善，海绵城市建设仍需加强，消防覆盖短板需要补齐。四是钟摆交通压力依旧较大，停车供需矛盾仍然突出，公共交通衔接尚需加强。五是城市特色不足、历史风貌特色魅力不显。六是市容环境和综合管理水平还需加强。七是城市保障服务质量有待改善，完善保障服务管理体系需进一步完善。八是创新城市建设和城市整体活力有待提升。

三、意见建议

一是加强城市生态建设和改善人居环境，建设幸福宜居城市。二是全面开展"完整社区"普查和补短板工作，构建配套设施齐全的社区生活圈。三是全面保障城市安全韧性发展。四是坚持绿色交通优先，提高城市交通系统承载能力和运行效率。五是传承和保护历史文化风貌，奋力建设文化强市。六是加强城市精细化管理，打造整洁有序的市容环境。七是推进城市多元包容建设，构建健全的城市保障服务体系。八是优化提升城市信贷结构，提升改善营商环境，持续加大实施人才强市战略措施，提升城市核心竞争力。

第六节 晋城

一、主要成效

　　生态宜居方面，人口密度适宜，达到中国人居环境奖评价指标体系要求最小值，能够实现城市资源的集约节利用；公园绿地覆盖率达标，人均公园绿地面积高于标准要求；生活污水集中收率、城市生活垃圾资源化利用率达到较高水平。健康舒适方面，人均社区体育场地面积达标；建筑密度控制较好。安全韧性方面，城市道路交通事故万车死亡率、城市年安全事故死亡率、城市二级及以上医院覆盖率、城市标准消防站及小型普通等方面成绩显著。交通便捷方面，绿色交通相对完善，站点500米覆盖范围达到90.1%，公交站点及公交出行占比较高；居民出行时间和距离合理；道路交通设施用地与人均道路用地达标。风貌特色方面，老城更新与历史保护顺利推进，历史建筑利用充分；人均文化建筑面积较大。整洁有序方面，城市市容及综合管理水平相对较，整体指标值高。多元包容方面，城市对残疾人、低收入群、外来务工人员的包容度较高。创新活力方面，政府负债率较低，符合负向类指标值要求。

二、存在的主要问题

　　生态宜居方面，空气质量仍需改善，区域开发强度偏高，城市空间布局亟待改善；空气质量优良天数比率以及二氧化碳排放压力较大。健康舒适方面，指标整体实现度不高。完整居住社区覆盖率偏低，社区商业服务设施欠缺，快递网点分布不够；社区老年服务站（日间照料中心）覆盖率、普惠性幼儿园覆盖率、社区医疗卫生服务能力、社区低碳能源设施覆盖率等方面与其他城市还存在较大的差距。安全韧性方面，内涝积水点还需采取措施，积极消除。交通便捷方面，城市道路网密度偏低，与8公里/平方公里的国家标准还有较大差距。近两年，晋城市在风貌特色方面未获得过省级及以上的各类建筑奖和文化奖，城市特色不明显。整洁有序方面，城市重要管网缺乏统一监测平台，数字化应用不足；老旧小区缺乏专业化物业管理。多元包容方面，城中村改造进度缓慢，居住在棚户区和城中村的人口数量占比还有28.9%。创新活力方面，城市老龄化、人才吸引力不足，晋城属于老年型人口，城市创新活力不足；高新技术企业数量少；全社会R&D支出占GDP比重低，为全国平均值的一半。城市信贷结构优化比例较高，需要优化。

三、意见建议

一是聚焦片区化改造和新城建设，重构城市空间格局。二是着力生态文明建设，优化产业结构，塑造"山清水秀"的城市环境。三是加快完整社区建设，积极改造老旧小区，提升城市承载能力。四是加强城市基础设施建设，全方位保障城市安全韧性。五是优化道路交通系统结构，不断提高城市交通的便捷性。六是加强城市设计，塑造特色风貌区，不断提升品质。七是加强智慧化城市建设，完善城市治理体系，打造创新型城市。

第七节　呼和浩特

一、主要成效

呼和浩特市健康宜居，生态环境不断优化，城市特色日益彰显、交通便捷持续改善，生活舒适度明显增强，多元包容程度提升，安全韧性能力加强，城市活力持续迸发，特别是在城市蓝绿空间、水环境、老旧小区改造、交通安全、公厕密度等方面达到国内领先水平。生态宜居方面，空气质量优良天数292天，水环境质量优于劣Ⅴ类比例达到100%，城市生活污水集中收集率达到90.1%，城市生活垃圾资源化利用率为20.8%，新建绿色建筑占比达到68.2%。健康舒适方面，全市92.8%的社区具有养老服务设施，普惠性幼儿园覆盖率达到84.3%，建成区高层高密度住宅用地仅占7.3%，全市人均体育场地面积达到2.23平方米，每万人足球场达到2.9个。安全韧性方面，城市建成区积水内涝点逐年减少，道路交通安全较好，市辖区每年因道路交通事故死亡人数比例为0.74人/万车，二级及以上医院覆盖率为73.7%；交通便捷方面，目前建成区高峰期平均机动车速度为28.8公里/小时。风貌特色方面，旅游接待人数、旅游收入分别增长10.3%和12.6%。整洁有序方面，冬季供暖清洁能源替代率与北京周边的"2+26"城市相当，建成区公厕建设密度达到每平方公里9座。多元包容方面，基本公共服务和社会保障覆盖范围逐年扩大，房租和房价与收入的比例在全国省会城市中相对较低。创新活力方面，新增就业人口中大专及以上学历占比超过北京和上海，达到55.35%，高新技术企业数量占内蒙古自治区的27%。

二、存在的主要问题

一是城市发展不均衡，无论是区域开发上，还是宜居公共服务设施分布上，都存在不平均的情况；二是城市交通系统性不足，路网密度特别是次干路和支路网密度及绿色出行占比较低；三是完整居住社区建设有待加强，社区级设施配套存在不足；四是城市地下空间关注不足，城市各类管网普查建档率较低；五是城市产业活力亟需提升，民营经济发展有待提振。

三、意见建议

交通便捷方面，2021 年着力解决交通拥堵顽疾，改善路网规划，建设城市绿道 220 公里；改善居住环境方面，年度拟实施推进重点区块 23 项、13322 户棚户区改造。实施边死角改造 41 处，腾退土地用于社区公园、口袋公园和全民服务设施建设，市四区实施老旧小区改造 268 个；地下管网方面，实施水电气暖地下管网工程 55 个；科技创新及营商环境方面，市政府先后印发了《科技创新三年行动方案（2021—2023）》和《便民利企 9 条措施》，为提升首府科技创新能力，打赢首府营商环境制定了路线图、时间表。

第八节　包头

一、主要成效

生态宜居方面，包头市生态廊道达标率 100%，城市生活污水集中收集率为 96.6%，城市环境噪声达标地段覆盖率为 80%，城市道路交通噪声强度为"一级"。大气污染治理取得较好成绩。安全韧性方面，城市街道停放管理能力显著提高，燃气综合监管力度继续加强，建立了监督机制。健康舒适方面，民生福利不断增强，育儿设施和公共体育设施覆盖广。公共服务设施保障机制不断完善，老旧小区改造保持稳定。交通便捷方面，建成区高峰期平均机动车速度达到 37.79km/h，以完善"两环三纵四横六出口八连接"公路网为抓手，形成统筹城乡、内畅外联的交通运输网络。

二、存在的主要问题

一是大气环境改善仍需加强，水生态环境形势依然不容乐观，中心城区和城关镇仍存在雨污合流现象。城市生活垃圾资源化利用率低。二是城市综合管理水平仍需优化，社区便民商业服务设施较少，基本公共卫生基础仍较薄弱，社区新能源设施覆盖率低。城市门前责任区制定履约率有待提高。三是城市安全与应急能力水平有待提高，防洪排涝压力较大，需要进一步关注城市建设安全，城市标准消防站及小型普通消防站覆盖率不足。四是城市交通状况有待改善，城市道路负载较重，绿色出行有待提高。专用自行车道密度较低，缺乏骑行安全感。五是道路无障碍设施设置率有待提高，现存的无障碍设施难以满足广大残疾人的需求和愿望。六是公共服务设施布局仍需优化，养老服务设施不均衡现象明显，棚户区改造任务依旧很艰巨。七是单位 GDP 能耗不降反增。

三、意见建议

一是持续加强生态文明建设，逐步提升生态环境质量，更加注重生态建设，保护发展并重。强化"三线一单"成果运用，加强自然保护地和生态保护红线监管。二是提高城市综合管理水平，建立城市运行长效机制，完善城镇规划体系，缩小城乡差距。加强城市养老服务，为人民提供高品质养老生活。推进物业管理建设。创新物业管理体制。三是健全城市安全应急体系，全面提高城市安全感，改造城市防洪排涝设施体系，减少城市内涝。完善重大疫情防控举措，提升公共卫生事件应对能力。增加应急避护场所建设，强化避难场所日常管理维护。四是增进民生福祉，增强人民生活幸福感，加强城市基础设施建设，提供便利生活。建立完善的住房保障体系，有序推进老旧小区改造。继续完善无障碍设施。五是引智宜业，打造创新活力之城，做好人才吸引工作，支持鼓励企业研发创新。制定高新企业培育和引进支持政策。进一步优化创新创业环境。六是发展绿色智慧城市，建设绿色新城，继续推广垃圾分类回收工作，提高医疗废物处理能力。"轨道 + 公交 + 慢行"优先，打造以人为本的绿色交通出行模式。稳步推进海绵城市建设。

第七章

东北地区城市

黑龙江
哈尔滨

崔然供图

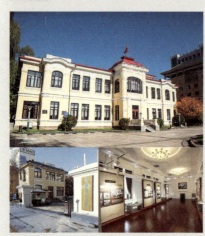
崔然供图

崔然供图

黑龙江
大庆

大庆市城市管理综合执法局供图

大庆市城市管理综合执法局供图

大庆市城市管理综合执法局供图

大庆市城市管理综合执法局供图

大庆市城市管理综合执法局供图

吉林
长春

长春市城乡建设委员会供图

长春市城乡建设委员会供图

长春市城乡建设委员会供图

长春市城乡建设委员会供图

吉林
四平

四平市住房和城乡建设局供图

四平市住房和城乡建设局供图

四平市住房和城乡建设局供图

四平市住房和城乡建设局供图

四平市住房和城乡建设局供图

辽宁
沈阳

沈阳市城乡建设局李雪松供图

沈阳市城乡建设局李雪松供图

沈阳市城乡建设局李雪松供图

辽宁
大连

大连市住房和城乡建设局供图

大连市住房和城乡建设局供图

大连市住房和城乡建设局供图

大连市住房和城乡建设局供图

第一节　哈尔滨

一、主要成效

哈尔滨在生态宜居、风貌特色、整洁有序和多元包容四个方面亮点突出，但在安全韧性方面存在结构性不足。生态宜居方面，统筹推进蓝天、碧水、净土保卫战。有效控制开发强度与城市组团空间，大气、水环境保持良好。健康舒适方面，社区基础公共设施功能不断完善。惠民性社区公共设施服务水平不断提高。安全韧性方面，城市防灾能力逐步提高。海绵城市建设、排水防涝工程推进取得良好成效。交通便捷方面，城市交通条件有所改善。道路体系、公共交通等方面服务能力与水平有所提高。风貌特色方面，城市历史文化风貌得到有效保护和利用。历史文化街区、历史文化风貌区、文保单位、历史建筑的保护体系基本建立。整洁有序方面，城市管理水平不断提高。各类市政设施服务和管理水平得到较大提升，智慧城管建设卓有成效。多元包容方面，城市开放及对不同人群的服务能力逐年提高。道路无障碍设施更加完善，基本服务水平提高较快。创新活力方面，创新发展成效显著。社会创新、创业环境持续改善，科技水平对社会经济的发展支撑作用显著提高。

二、存在的主要问题

一是城市绿地建设、环境噪声监测等方面有待加强。二是社区体育、新能源设施等方面建设仍需增强。三是仍存在应急避难场所不足问题。四是城市整体交通体系仍存在短板。五是物业服务综合水平仍有待提高。六是住房价格与居民收入相比仍较高。七是人口结构问题越发凸显。

三、意见建议

一是城市空间结构优化是长期行为，需要不断关注引导，完善调控策略并监督实施；加强道路网络体系建设，优先发展公共交通，增加停车设施，缓解交通瓶颈问题。二是社区生活圈建设是人居环境优化重点，应结合社区公共服务需求有效供给，拓展完善社区生活圈，以社区生活圈为基本单元；推进老旧小区改造工程。三是吸引优秀人才，提升创新与经济活力，促进经济转型发展。

第二节 大庆

一、主要成效

生态宜居方面，城市水环境质量优于V类比例高、全年空气优良天数等指标都明显高于全国平均水平。天然百湖与湿地赋予了大庆市特色突出的蓝绿空间体系。健康舒适方面，市级场馆建设水平高，卫生设施和体育设施总量供给充足。安全韧性方面，安全事故与隐患治理取得明显成效，应急避难设施建设水平明显提升。交通便捷方面，城区道路网密度较高，机动车通行顺畅，较少发生拥堵情况。风貌特色方面，文化"软实力"突出，文化展馆生动多样，富于创意。整洁有序方面，现状垃圾处理能力较强，给水排水能力可以保障城市运营，供热能力全省领先。多元包容方面，城市居民生活保障标准有所提高，居住在棚户区和城中村的人口数量占比逐步降低，每千名老年人养老床位数持续提升。创新活力方面，生活低成本、工作收入高、城市高品质带来相对较高的区域人口吸引力。

二、存在的主要问题

生态宜居方面，生态环境质量未来面临较大压力；供水管网年久失修，爆管停水事件等突出问题；污水管网收集系统存在诸多空白区域，城市雨污错接问题较为严重；品质建设类指标表现不佳，绿化建设纵深不足；亲水空间建设存在"散""平""闭"的问题，导致市民主观体验不佳。健康舒适方面，文化设施总量偏低；多高标设施、少均好服务，教育、卫生等社区公服设施存在空间服务"盲点"。安全韧性方面，可渗透地面面积比例、人均避难场所面积与国家要求还有差距；消防站覆盖率低于周边城市水平。交通便捷方面，多机动出行、少舒适慢行，绿色交通等慢行系统建设不完备；居民通勤时间较长，与大庆市城市规模不匹配；过街设施不足，造成严重的安全隐患，一定程度上导致大庆城市道路交通事故万车死亡率数全国平均水平。风貌特色方面，"馆藏文化"突出，"馆外文化"展示缺失。城市空间单调，缺乏文化要素植入；散点式"场馆游、景区游"缺乏系统化文化主题串联，历史文化保护意识滞后，历史建筑等资源挖掘不足。整洁有序方面，管网老化，水源不足；污水管网收集系统存在诸多空白区域，城市雨污错接问题较为严重；垃圾分类、收运系统不健全。多元包容方面，低保标准与收入水平并不匹配，对城市弱势群体的兜底保障仍然需要加强。创新活力方面，多短时人气、少全季活力，空间产品供给难以匹配气候特征，也不能承载消费新需求，一定程度上减弱了大庆的人口和经济活力；创新人才数量很多，但创新氛围和环境较差，缺乏科研成果转化的市场化环境，导致创新产出能力较差。

三、意见建议

生态宜居方面，生态优先，深入研究河湖水系联通方案的可行性；百湖百态，以河连湖，以绿串蓝，打造倾城湖；整合串联零散的现状蓝绿空间，构建"庆绿道"系统。健康舒适方面，系统筛查，消除社区级公服设施"盲点"；以打造"完整社区"为目标，通过改造升级"三部曲"，打造老旧小区改造样板。安全韧性方面，加强在湖边区域设置应急避难场所的调研和规划；加强医疗信息化建设；加强消防规划。交通便捷方面，从"宜车"到"宜人"，带动城区三级绿道建设。"先景观后施工"，在保持现有道路功能基础之上，提升慢行空间品质。风貌特色方面，让文化走出场馆，走进城市空间。构建"庆游线"，打造文旅展示体系，助力城市大事件。加快历史文化资源的普查和评估，分类实施保护。整洁有序方面，以促进城市低碳绿色转型发展为目标，推广清洁能源利用方式；稳定供热，推进能源利用转型；完善城市水系统，推进再生水利用。多元包容方面，控制新建商品房的建设规模和开发节奏，避免盲目大拆大建；在保障性租赁住房、最低生活保障等方面做好城市新市民和弱势群体的兜底保障。创新活力方面，通过视觉跳动，丰富城市色彩；力求精致耐久，定位城市家具新方向；激发全季活力，以新风景助力新经济。

第三节　长春

一、主要成效

生态宜居方面，空气质量优良天数比率、公园绿地服务半径覆盖率、单位 GDP 二氧化碳排放降低、新建建筑中绿色建筑占比、再生水利用率、城市生活垃圾资源化利用率、装配式建筑实施比例指标表现良好。健康舒适方面，社区便民服务设施、养老服务设施覆盖率较高。安全韧性方面，城市建成区内涝积水点密度较低，城市道路交通事故万车死亡率、重大危险源监控、气象灾害预警信息公众覆盖程度、消防站覆盖程度等表现较好。交通便捷方面，公交站点及公交专用车道配置较充足；城市通勤高于全国主要同等规模城市平均水平。风貌特色方面，历史文化街区修缮率显著提高。冰雪旅游产业发展迅速。整洁有序方面，有序安全方面指标表现良好；环卫机械化作业率较高。多元包容方面，道路无障碍设施设置率较高，道路无障碍体系较完善。创新活力方面，财政与经济方面指标表现良好。万人高新技术企业数指标表现良好，呈现高速增加态势。高校学生（本科生和研究生）本地就业率逐年增加，就业稳步提升。

二、存在的主要问题

生态宜居方面，城市绿道用地保障存在短板；存在新增黑臭水体，城市水环境治理工作仍需加强，黑臭水体长治久清工作有待加强；城市"双碳"达标压力较大，城市能源结构有待优化。健康舒适方面，社区服务能力与品质尚需提高，公共服务设施滞后于城市发展。居民生活便捷性短板较明显，医疗设施相对不足。安全韧性方面，二级及以上医院覆盖率偏低，应对城市紧急医疗救助能力方面仍存在一定短板。交通便捷方面，绿色交通发展滞后，尚未形成安全、便捷的自行车交通环境，城市道路打通工作仍需继续推进。风貌特色方面，历史建筑空置率较高，活化利用尚需加强，部分历史建筑风貌遭到破坏。受新冠肺炎疫情影响，城市开放方面表现欠佳，2021年国内外游客量明显下降。整洁有序方面，城市现代化管理能力需加快形成。住宅小区物业化管理的比例较低，需要加大力度完善机制。多元包容方面，居民最低生活保障指标相对偏低，需持续深化社会保障制度改革。创新活力方面，人口结构失衡，人口老龄化趋势明显。

三、意见建议

生态宜居方面，加强城市绿道用地保障，城市水环境治理工作仍需加强，城市能源结构有待优化。健康舒适方面，社区服务能力与品质尚需提高，均衡城乡城际公共服务设施不均衡现状，加大医疗设施投入。安全韧性方面，提升城市紧急医疗救助能力，推进海绵城市建设，增加可渗透地面面积比例，加强防洪减灾体系安全保障。交通便捷方面，关注绿色交通发展，建设安全、便捷的自行车交通环境，推进城市路网规划建设。风貌特色方面，加强历史建筑活化利用，增加游客吸引力。整洁有序方面，提升城市现代化管理能力，在社区实施专业化物业管理。多元包容方面，优化专项财政资金投入，持续深化社会保障制度改革。创新活力方面，调整人口结构，提高科研投入强度。

第四节 四平

一、主要成效

生态宜居方面，黑臭水体治理成效显著，再生水利用率超过该市"十四五"人居环境规划目标，城市绿道覆盖率为98.86%，市区内生活垃圾无害化处理率达100%。健康舒适方面，完整居住社区覆盖率已达到93.07%，社区便民商业服务设施、普惠性幼儿园覆盖率较高，社区管理、社区便民商业设施较好，城市更新效率和老旧小区改造质量较高。安全韧性方面，城市道路交通事故万车死亡率和城市年安全事故死亡率较低；人均避难场所面积较高；城市二级及以上医院覆盖率处于全省领先水平。交通便捷方面，城市道路网密度较高，城市拥堵区域非常少，城市中平均通行时间和通行距离较少，居民多遵循绿色交通出行的原则。风貌特色方面，城市历史风貌破坏负面事件数量为 0 个，城市国内外游客量有序增长。整洁有序方面，城市门前责任区制定履约率、城市重要管网检测监控覆盖率达到 100%，城市窨井盖完好率为 98.86%。多元包容方面，极少数人口生活在棚户区和城中村；红色文化资源丰富多样，并较为完整。创新活力方面，城市小学生入学增长率稳固提升，城市信贷结构优化比例较高。

二、存在的主要问题

生态宜居方面，城市生活污水和垃圾集中处理相对落后，城市公园绿地覆盖率有待提升，新建建筑中绿色建筑占比较低。健康舒适方面，基础设施投入总量不足，养老设施建设还有很大空间，社区卫生服务中心无门诊职能，社区体育场地和社区低碳能源设施建设水平有待提升。安全韧性方面，城市排水系统陈旧，标准较低。交通便捷方面，公共交通尚未成为居民机动化出行的主要方式，公共交通设施分布不均衡，线路层次单一，现状道路等级结构失衡，专用自行车密度值偏低。风貌特色方面，城市文化建筑面积不足，城市历史建筑空置率远高于 10% 的标准。整洁有序方面，城市街道立杆、空中线路规整性及城市街道车辆停放有序性不足，极大影响市容和城市整洁的建设。居住小区多为老旧小区，需要进一步加强老旧小区改造和管理方面的工作。多元包容方面，住房保障能力有待提升，需进一步加快城市各类棚户区的收尾工作。红色文化浓厚，但地域特色不浓，红色旅游基础设施建设不够完善。创新活力方面，产业布局和发展质量不高，与其他城市相比仍然不占优势，需要转变发展思路。

三、意见建议

生态宜居方面，需要进一步降低二氧化碳排放强度，进一步巩固已有黑臭水体治理成果。健康舒适方面，需提升社区老年服务和卫生服务水平。安全韧性方面，需要提升城市可渗透地面面积和消防站覆盖率。交通便捷方面，需要提高专用自行车道路密度。风貌特色方面，需要提高国际国内各类建筑奖、城市文化建筑面积和加强城市历史建筑的使用。整洁有序方面，需要提升专业化物业管理的占比。多元包容方面，需提高常住人口住房保障的覆盖率。

第五节 沈阳

一、主要成效

生态宜居方面，抗霾攻坚成效显著，单位 GDP 二氧化碳排放降低率完成了"十三五"节能减排目标任务，水质改善取得历史突破，城市污水集中收集率及城市污水集中处理率均达到目标值要求。公园绿化不断优化。交通便捷方面，建成区高峰期平均机动车速度、城市道路网密度、城市常住人口平均单程通勤时间等指标均达到标准要求。健康舒适方面，电力供应稳定性增强，老旧管网改造成效显著。社区养老设施供给率较高，健身路径分布与数量可以满足群众基本需求，老旧小区改造达标率为 100%。安全韧性方面，城市内涝问题有效缓解，市民出行安全意识增强，道路基础设施和交通规则不断完善，交通事故起数呈逐渐下降趋势。风貌特色方面，积极推进文化赋能，文化资源保护修缮有序推进。2020 年未发生城市历史风貌破坏负面事件，城市特色风貌不断彰显。创新活力方面，人口活力与吸引力持续增强，在东北地区优势显著。城市创新水平提高。2020 年度政府负债率较低，达到全面建成小康社会的国家要求。城市信贷结构持续优化、呈现"稳中有进"特征。

二、存在的主要问题

生态宜居方面，城市功能区声环境质量、地表水达到或好于Ⅲ类水体比例、绿化覆盖率等指标与其他城市相比还有很大差距，公园绿地服务半径覆盖率较低。高层高密度住宅开发依然突出，单中心蔓延拓展的空间格局尚未根本改变。开发建设多集中于一环内地区，交通便捷方面，公共交通出行方面存在短板，轨道站点周边 800 米覆盖通勤比例远低于对标城市，绿色交通出行分担率尚未达到目标值的要求。交通基础设施与土地空间结构低效，公交服务水平难以提高，交通压力大。健康舒适方面，社区配套设施不均衡，社区服务品质有待提高。部分建成区边缘缺少社区便民商业服务设施覆盖。养老设施布局未充分回应老年人口的空间分布特征。现存老旧住宅区中仍普遍存在屋面漏雨、墙皮脱落、部分配套管线老化、环境脏乱不堪、居民缺乏安全感等问题。安全韧性方面，应急储备空间体系不完善，缺少应急战略留白用地。风貌特色方面，城市空间特色不鲜明，历史文化街区和历史风貌区基础设施老旧，现状文化设施建筑空间分布不均、供需失衡等问题。整洁有序方面，实施专业化物业管理的住宅小区占比较低。多元包容方面，城市居民最低生活保障标准较低。创新活力方面，创新发展动力不足，人才流失问题突出，人才吸纳辐射能力较弱。高新技术产业经济规模、总量不足，新兴服务业态发展相对滞后。

三、意见建议

生态宜居方面，控制开发强度，推进空间结构优化，改变建成区"摊大饼"的发展模式。增加蓝绿空间，提升碳汇能力。健康舒适方面，补齐社区短板、加强社区治理及完整社区建设，加强治理，老旧小区改造共谋共建，加强物业与社区协同管理。交通便捷方面，优化道路网络、推进智慧交通管理。优化调整公共交通线路，合理配置城市公共交通资源，提升公共交通服务能力。历史风貌方面，强化历史人文景观展示空间建设，统筹推进历史文化街区综合提升、历史风貌区更新利用。创新活力方面，建设青年友好城市、提升创新活力，激发内生动能，推动产业集聚。

第六节　大连

一、主要成效

一是生态优先绿色发展，美丽宜居大连建设富有成效，铁腕治理环境污染，践行绿色低碳发展；构筑多层次开放空间，锚固全域生态格局；多层级公园体系，提升人居环境品质。二是民生福祉持续改善，城市安全得到有效保障，基本公共服务均等化效果显著，基本养老保险和医疗保险实现城乡全覆盖，城乡低保标准逐年提高，就业创业形势稳定，人身安全、避难需求和就医需求得到较好保障。三是城市综合功能不断提升，城市综合交通体系不断完善，能源保障能力提升、结构持续优化；开放合作取得明显成效。四是以创新引领发展，坚定不移实施创新驱动发展战略；蓄积人才新势力，完善科技人才梯度保障；打造产创新版图，确保承载空间科学布局。

二、存在的主要问题

一是交通状况有待改善。道路网密度不足，高峰期易出现拥堵；停车难、人车争路现象仍然存在。二是医疗、住房等各类公共服务设施与人民群众的期盼尚有差距。综合医院"吃不了"、社区卫生服务中心"吃不饱"现象较为突出；社区健身场地建设存在一定短板；高住房支出加剧人口老龄化、人口吸引力下降等现象。三是数字政府建设相对滞后，政府自身建设还存在不足，城市治理精细化水平有待提升。需要建立重要管线动态监测系统，政府的数字化高效协同水平仍有待进一步提高。四是城市防涝与消防救援水平有待提高。城市内涝点仍需治理，海绵城市建设仍需推进；消防救援责任分区过大，消防站规划建设需要加强。五是生态环境监测力度存在提升空间。

三、意见建议

坚持以"数字、宜居、畅通、平安"为聚焦,提出"诊疗"方案和整治措施,持续推动城市有机更新,助力实现"开放创新之都、浪漫海湾名城"的愿景目标。一是数字聚焦:建设数字政府,提高城市综合管理水平。建设智慧城市数字化基础底座,打造协同高效的数字政府;完善一体化在线政务服务平台功能;建立重要地下管线动态监测系统平台。二是宜居聚焦:提升宜居品质,增强城市吸引力。推动城市有机更新,整体提升城市形象;全面提高社区环境,持续改善人居品质;深化医疗体制改革,强化基层医疗机构建设;全面推进幸福大连建设,提升城市人口吸引力。三是畅通聚焦:构建绿色畅通高效快捷的交通体系。优化路网结构,推动城市道路系统精细化建设。加强公交专用道与轨道交通网络化建设。多措并举缓解停车难现象。四是平安聚焦:健全消防救援体系,增强防洪排涝能。强化城市消防力量,推进消防体系规划建设。推动海绵城市建设,提升城市防洪排涝能力。

第八章
华东地区城市

山东
济南

济南市住房和城乡建设局供图

济南市住房和城乡建设局供图

济南市住房和城乡建设局供图

济南市住房和城乡建设局供图

山东
青岛

青岛市城市规划设计研究院供图

青岛市城市规划设计研究院供图

青岛市城市规划设计研究院供图

青岛市城市规划设计研究院供图

山东
东营

东营市住房和城乡建设管理局供图

东营市住房和城乡建设管理局供图

江苏
南京

宋赟供图

宋赟供图

宋赟供图

江苏
徐州

徐州市住房和城乡建设局供图

徐州市住房和城乡建设局供图

徐州市住房和城乡建设局供图

徐州市住房和城乡建设局供图

合肥
安徽

合肥市城乡建设局供图

合肥市城乡建设局供图

合肥市城乡建设局供图

安徽
亳州

亳州市住房和城乡建设局供图

亳州市住房和城乡建设局供图

浙江
杭州

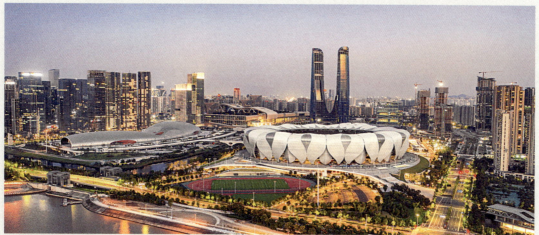

《杭州日报》供图

《杭州日报》供图

杭州市规划设计研究院供图

浙江 宁波

宁波市住房和城乡建设局供图

宁波市住房和城乡建设局供图

宁波市住房和城乡建设局供图

浙江
衢州

许军 摄影

许军 摄影

许军 摄影

许军 摄影

福州市城乡建设局供图

福州市城乡建设局供图

福州市城乡建设局供图

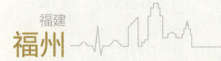

福建
福州

福州市城乡建设局供图

福建
厦门

厦门市建设局供图

厦门市建设局供图

厦门市建设局供图

厦门市建设局供图

江西
南昌

李昂 摄影

李智维 摄影

李智维 摄影

江西 赣州

赣州市住房和城乡建设局供图

赣州市住房和城乡建设局供图

赣州市住房和城乡建设局供图

江西
景德镇

景德镇市住房和城乡建设局供图

景德镇市住房和城乡建设局供图

景德镇市住房和城乡建设局供图

第一节 上海

一、主要成效

一是绿色低碳试点建设稳步推进，绿色生态建设成效明显。上海市持续开展绿色低碳示范试点建设，人居环境的绿色品质建设居于前列，空气质量优良天数、水环境质量、城镇污水处理率、新增绿道、立体绿化、绿色建筑等方面均表现较好。二是民生实事工程成效显著。基础设施建设较为完善，社区服务建设稳步推进，社区级公共服务设施15分钟步行覆盖率、普惠性托育点街镇覆盖率、家庭医生65岁以上老年人签约率等均处于较高的水平。三是城市文化软实力持续提升，创新活力较为突出。截至2020年年底，上海市完成3151栋优秀历史建筑档案编制，占比超过97%。"十三五"期间，上海累计实施近75万平方米居住类优秀历史建筑修缮，同步推进近110万平方米风貌区内居住类历史建筑，以及260万平方米里弄房屋修缮改造。此外，上海国际舞蹈中心、上海历史博物馆、程十发美术馆、九棵树未来艺术中心等重要文化设施建成开放。浦西人民广场地区、浦东花木地区两大文化核心功能区基本形成。城市创新活力较为突出，城市信贷结构优化指标也较高，对小微企业的金融支持力度较大。

二、存在的主要问题

一是需不断提升超大城市运行安全防控能力。上海目前仅23个消防站责任区面积小于7平方公里，有98个消防站责任区面积超过15平方公里。消防救援队伍人员数量仅为东京、纽约的1/3，巴黎的1/10。上海已建雨水排水系统以1年一遇为主，中心城区245个强排系统中（含5个未建成），仅39个强排系统达到3~5年排水标准（东京地下排水标准是"5~10年一遇"）。对照人均避难面积2平方米规划目标，现状仅为0.07平方米。二是需提高城市多元包容性，响应民生服务更高发展诉求。上海市保障住房中征收安置房占比约80%，租赁性保障住房占比低。对非户籍的外来务工人群（近390万户），尤其是从事城市基础性服务人群的保障不足。

三、意见建议

一是加强统筹协调，积极推进应急管理体系和能力现代化：大力推动城市安全运行基础设施建设；提升现代化治理能力；积极提升安全治理能力。二是加快完成老旧小区改造，多渠道改善群众居住条件，是着力提升保障性租赁住房供应水平。

第二节　济南

一、主要成效

一是开发强度相对适宜，生态环境持续改善。济南市深入践行"绿水青山就是金山银山"理念，加大生态环境保护力度，大力保护南部山区、生态湿地、泉水、山体、大气环境，打造美丽宜居宜业宜游城市。二是历史文化保护成效显著，泉城风貌不断彰显。济南市作为国家级历史文化名城和第一批中国优秀旅游城市，是我国华东地区重要的旅游客源地和旅游目的地。济南市精塑"一湖、一环""泉城大客厅"两大亮点，突出泉水和历史文化名城特色，打造泉城新名片、彰显泉城特色新风貌。三是城市创新活力较高，人口吸引不断增强，新旧动能转换成效显著。济南市大力发展现代产业体系，新旧动能转换步伐进一步加快。科技创新能力持续提升，中科院济南科创城建设加快推进，济南高新区获批建设国家级双创示范基地。人才特区建设扎实推进，全省首个"人才贷"金融服务窗口落地。在人才引进，支持中小微企业发展方面取得较大成效。

二、存在的主要问题

一是安全保障有待提高，城市韧性不足。城市消防站、避难场所有待进一步提升。市辖区建成区人均避难场所面积 0.34 平方米 / 人。根据中国人居环境奖评价标准，人均避难场所面积不低于 2 平方米 / 人，该指标处于严重指标分档区间，人均避难场所建设严重不足。二是城市交通方面：高峰时期主要道路交通拥堵，绿色交通出行结构不均衡，停车问题有待进一步改善。根据交通大数据，济南市晚高峰期间道路平均机动车速度，中心城区大部分道路在 20~40 公里 / 小时，车速低 20 公里 / 小时的拥堵路段有 156 个。绿色交通出行结构不均衡，非机动车交通突出，公共交通出行占比低，慢行交通系统建设滞后。此外，随着济南市机动车保有量持续高速增长，城市人车物流聚集，停车需求快速增加，停车难特别是老旧城区"停车难"问题日益突出。

三、意见建议

完善避难场所、消防站建设，增强城市韧性。从建设安全城市的理念出发，将应急避难场所建设纳入国土空间规划。推进多种形式消防队伍建设，按照国家和省有关规定，大力发展政府专职消防队、企事业单位专职消防队和志愿消防队。推动各级消防站建设，强化微型消防站的消防实力，按照《城市消防站建设标准》和消防工作需要，实施消防站建设和改造，对不符合城市消防站建设标准的，结合城市建设改造同步进行改造。加强消防供水、消防通信、消防车通道等公共消防设施建设，实现与城市基础设施建设同步发展，确保符合国家标准。

第三节　青岛

一、主要成效

一是生态宜居，城市资源集约节约利用表现突出。青岛市在生态宜居方面总体表现良好，城市基础设施效率和集约化较高，资源环境承载力较强。二是健康舒适发展较强，社区服务设施服务水平较高。青岛市各项社区服务设施供给水平在样本城市中处于中游偏上的水平。三是城市风貌保存良好，城市特色凸显。青岛市持续推进国际城市建设，传统风貌保护和特色风貌塑造成果显著，城市文化氛围、风貌形象不断提升。四是城市活力不断提升，多项指标居于前列。青岛市在城市活力方面多项指标居于体检城市前列，科研创新活力比较明显，在引进人才、加快高新企业发展方面开展了大量的有效工作。

二、存在的主要问题

一是交通便捷性不足，通勤与绿色交通均存在挑战。青岛市常住人口平均单程通勤时间、通勤距离小于5公里的人口比例等指标低于样本城市平均水平。公共交通出行分担率较低。截至2020年，青岛市集中建成区道路网密度为6.17公里/平方公里，距离8千米/平方公里的标准要求仍有差距。城市内部各组团道路建设情况差异较大，老城区道路网密度相对较高，新区道路网密度普遍偏低。二是医院覆盖仍有短板，城市消防站配备亟待提升。从安全韧性的角度来看，青岛市二级及以上医院和城市消防站配置存在明显的问题。全市二级及以上医院的平均覆盖率基本达标，但是从各区覆盖率来看，城阳区仅有不到40%的覆盖率。集中建成区范围内，城市标准消防站及小型普通消防站仅有41处，部分消防站辖区面积过大，任务过重，难以满足到达火场的时限要求。三是住房支出较高，削弱了城市吸引力和竞争力。住房支出包括房贷和房租支出，住房可负担程度体现了城市生活成本的高低，反映了外来居民融入城市生活的难易程度。根据"2021年青岛城市体检社会满意度调查"，青岛市住房支出超过家庭收入30%的城市家庭占比为16.67%，相当数量的居民住房可支付能力较差。

三、意见建议

一是进一步优化城市交通体系，改善城市交通。强管控增需求，改善城市无序状态；多措并举，加密道路网建设。完善城市骨架网络，满足组团间便捷联系的城市功能；强化次干路、支路网络，增强道路微循环系统；探讨打开大型封闭居住区，优化慢行网络和环境。二是集约用地，多元结合，补齐消防安全短板。三是重点关注中低收入者、新市民和引进人才，建立住房长效保障机制。

第四节　东营

一、主要成效

一是城市包容度高，居民基本生活有保障。东营市城市道路无障碍设施设置率高，居民最低生活保障标准稳固提升，常住人口住房保障服务覆盖率高，低收入人群生活得到保障。市辖区建成区社区便民商业基本实现全覆盖，普惠性幼儿园占比较高，社区卫生服务中心门诊分担率达到 15.69%，基层医疗设施充足，人均社区体育场地面积达到 0.43 平方米 / 人，教育、医疗、体育场地等设施充足，城市公共服务设施建设较为完善，居民生活品质不断提升。二是无内涝城市建设成果显著，避难场所充足，安全韧性表现较好。东营市内涝积水点治理全面完成，无内涝城市建设成效显著，人均避难场所面积高达 2.52 平方米 / 人，远高于国家标准，突发事故应急能力较强，韧性城市建设较为突出。三是机动车、公交车、慢行交通出行便利。东营市建成区高峰期平均机动车速度达到 37.9 公里 / 小时，城市常住人口平均单程通勤时间 17 分钟，通勤距离小于 5 公里的人口比例为 59.21%，职住分布相对平衡；公交站点服务覆盖 92.98%，公共交通建设完善，专用自行车道密度 3.17 公里 / 平方公里，慢行环境较好，整体而言东营市道路交通情况较为优秀。

二、存在的主要问题

一是城市创新活力不足，矛盾突出。东营市年龄中位数高于全国平均水平，老龄化程度高。新增企业数量、个体工商户数量、上市公司数量较少，对外来人口吸引力不足。二是完整居住社区覆盖率低，部分社区服务设施有待进一步加强。东营市市辖区建成区完整居住社区覆盖率为 14.57%，低碳能源设施短板较为明显，同时养老设施有待进一步加强。社区体育场地较为充足，但部分体育设施老化缺失，居民反馈较多，完整居住社区建设有待进一步加强。

三、意见建议

一是加快产业转型，提高科技创新能力，改变产业单一局势，加快石油工业向其他工业、服务业过渡转型，加大科研投入，提高企业科技创新能力，培育创新型企业。二是加快建设完整居住社区。逐步开展社区体检，实施一社区一方案工作模式，加快推动完整居住社区建设专项行动，协调各公共服务设施主管部门工作同步进行。

第五节　南京

一、主要成效

一是城市建成区生态环境质量较好，生态环保意识较强。南京市城市可渗透地面面积占比和生态廊道达标率均位于样本城市上游，建成区公园绿地服务半径覆盖率排名靠前。南京市在声环境质量、水环境质量、生活垃圾资源化利用等多个方面表现较好。二是城市发展兼具活力与包容。南京市万人新增中小微企业数量、万人上市企业数量、万人高新技术企业等指标排名靠前，城市经济活力、营商环境和科技创新能力较强。道路无障碍设施设置率位于样本城市上游，城市空间包容性较好。三是公共交通建设成绩斐然，绿色交通出行比例较高。根据《2020年度中国主要城市交通分析报告》，南京市地面公交出行幸福指数为65.07%，在特大城市中位列首位，体现南京在公交出行效率、可靠性等方面的综合表现较好。尤其是轨道交通建设成绩斐然，南京市轨道出行比例较高，处于同类城市上游水平。

二、存在的主要问题

一是城市人工环境各项指标偏高，城市建设存在组团规模大、强度大、密度高等问题。南京市存在超大、特大城市普遍存在的城市组团规模偏大的问题，建筑存量大，高层建筑多、新建住宅高度超过80米的建筑数量较多的现象也比较明显。二是完整社区建设和住房保障方面仍有改善空间。南京市普惠性幼儿园覆盖率表现一般，人均社区体育场地面积指标低于国家标准，在完整社区建设方面存在短板。常住人口住房保障服务覆盖率在样本城市中属于较低水平，在住房保障方面仍有待提升。三是城市安全韧性建设仍有不足。南京市的城市人均避难场所面积、城市二级及以上医院覆盖率等指标较低，在应对公共卫生事件、自然灾害、安全事故的风险防御体系建设方面仍需改善。

三、意见建议

一是重视城市有机更新，提高城市人居环境品质。二是继续加强完整社区建设，提高城市宜居水平。三是补齐城市安全建设短板，提高城市风险防御水平。

第六节　徐州

一、主要成效

一是城市建成区开发强度较低，组团规模适宜。徐州市建成区的开发强度较低，多数城市组团规模小于50平方公里，高人口密度和高层建筑空间占比较少。二是城市生活舒适性和包容性较好。徐州市社区便民商业服务及社区老年服务站覆盖率均位于样本城市上游，多类服务设施能够较好地满足社区居民的日常生活和体育休闲需求。道路无障碍设施设置率位于样本城市上游，城市空间包容性较好。三是城市道路交通能够兼顾便捷和安全。徐州市建成区道路网密度适中，建成区高峰期间平均机动车速度表现较优，道路交通事故万车死亡率在样本城市中较低。

二、存在的主要问题

一是城市环境质量有待提升。徐州市在声环境质量、空气质量和水环境质量等方面均表现不佳，城市绿道和公园绿地服务半径覆盖率在样本城市中排名靠后。二是城市整洁有序方面有待提升。徐州市城市街道车辆停放有序性和窨井盖完好率等表现一般，建成区范围内实施专业物业管理的住宅小区占比位于样本城市下游。三是应对突发事件的安全性和韧性需要提升。徐州市可渗透地面面积比例位于样本城市下游，在应对城市突发暴雨洪涝灾害时存在一定隐患。城市避难场所、二级及以上医院、消防站等设施覆盖率均表现一般。四是城市经济活力和科技创新能力方面有较大的提升空间。徐州市万人新增中小微企业数量、万人上市企业数量排名靠后，万人高新技术企业数量也表现一般。在营商环境、创新创业环境和经济活力等多个方面都有待改善。

三、意见建议

一是重视改善生态自然环境质量，打造生态宜居徐州。二稳步推进城市环境整洁有序建设，扎实推进小区物业管理全覆盖、社区网格化管理、信息系统平台整合。三是提升精细化管理能力，增强城市安全性和韧性。四是提高城市创新和科技活力。

第七节　合肥

一、主要成效

一是公共服务设施覆盖率较高，生活舒适情况整体较好。合肥市社区便民服务设施和公共服务设施等能够较好地满足不同年龄、不同类型社区居民的日常生活需求；实施专业物业管理的住宅小区占比在样本城市中水平较高，具备社区精细化管理基础。二是路网密度较大，城市交通便利程度良好。合肥市的高峰期机动车均速度表现良好，市区路网密度高于大城市平均值，专用自行车道密度在样本城市中排名靠前，交通便利度整体良好。三是市区环境整洁有序，整体环保意识较强。合肥市城市门前责任区制定履约率、城市街道立杆、空中线路规整性等指标都较好，再生水利用率和生活垃圾资源化利用率在样本城市中表现较好，垃圾分类及后端处理水平较高，整体环境保护意识较强。四是城市科技创新及经济活力良好。合肥市全社会R&D支出占GDP比重在样本城市中处于上游，科研投入较高。万人新增中小微企业数量、万人高新技术企业数量以及万人上市公司等指标在样本城市中排名靠前或处于较优水平，合肥市经济总体保持稳定向好发展。

二、存在的主要问题

一是城市生态宜居性和空间包容性有待改善。合肥市存在区域开发强度较高、存量建筑层数高、数量多的问题，建成区公园绿地服务半径覆盖率低于国家园林城市标准，在声环境质量、空气质量、水环境质量等多个方面表现一般。常住人口住房保障服务覆盖率在样本城市中排名靠后，连续贯通步行道的社区数量占比低，道路无障碍设施设置率不高。二是安全韧性城市建设仍需加强。合肥市城市二级及以上医院覆盖率位于样本城市下游，城市应对突发公共卫生事件的能力较差。三是城市风貌特色不足。合肥市万人历史建筑数量低，缺乏历史文化街区，缺乏具有标志性的城市特色风貌和标志性空间。

三、意见建议

一是推动蓝天绿水建设，打造生态宜居合肥。二是加快完整社区建设，提升城市健康度和友好性。三是加强安全示范城市建设，提升城市韧性。四是继续发展公共交通，通过TOD模式带动综合发展。

第八节 亳州

一、主要成效

一是城市整体开发强度适宜，人居环境品质较好。亳州市的中心城区组团规模适宜、建成区的密度和现状建筑层数等指标较为适宜。老旧小区改造达标率位于样本城市前列，建成区公园绿地服务半径覆盖率在样本城市处于上游，城市生态空间品质较好。二是社区服务和城市包容性方面表现较好。亳州市完整居住社区覆盖率在样本城市中位于前列，其中普惠性幼儿园覆盖率及社区低碳能源设施覆盖率等指标表现较好，常住人口住房保障覆盖率位于样本城市前列。三是城市交通较为便捷。亳州市城区道路网密度位于样本城市上游，建成区高峰期平均机动车速度也有良好表现。居民平均单程通勤时间适中，专用自行车道密度在样本城市中排名靠前。

二、存在的主要问题

一是城市风貌特色欠缺，历史文化建筑保护和利用情况差。亳州市的历史建筑空置率高，五一、十一假期的国内外游客量均处于样本城市下游，万人城市文化建筑面积指标较低，本地历史文化资源保护利用差，城市文化建筑建设不足。二是城市环境质量需要提升。亳州市在城市声环境质量、空气质量等方面表现不佳，新建建筑中的绿色建筑占比位于样本城市下游。三是城市应急服务和安全韧性方面需要加强。亳州市的城市二级及以上医院覆盖率位于样本城市下游，人居避难场所面积指标表现一般。四是城市创新活力有待增强。亳州市全社会 R&D 支出占 GDP 比重、万人高新技术企业数量、万人上市企业数量等指标均表现不佳，在科技创新、经济活跃度、营商环境等多个方面有待提升。

三、意见建议

一是统筹经济社会发展与历史文脉传承，提升城市风貌与特色。二是着重改善城市生态环境质量，增强生态环保意识。三是补齐城市安全建设短板，提高城市风险防御水平。四是提高城市科技创新活力，优化城市营商环境。

第九节　杭州

一、主要成效

一是基础设施建设较为完善，城市安全治理整体向好。杭州市在城市道路网系统建设、专用自行车道密度等方面表现良好，基础设施网络建设较为均衡与系统，社区便民商业服务设施、社区老年服务站、社区卫生服务中心门诊等达到基本覆盖，社区设施供给稳步提升；城市内涝积水点密度、人均避难场所面积等指标表现良好。二是城市生态建设突出，重视绿色低碳发展。杭州市空气质量达到较好水平，生态廊道达标率和公园绿地服务水平也较高，新建建筑中绿色建筑占比、城市生活垃圾资源化利用率、社区低碳能源设施覆盖率、专用自行车道密度等指标在 59 个样本城市中位居前列。三是城市经济、创新活力较为突出，新增人口住房需求基本满足。杭州市政府负债率指标表现良好，全社会 R&D 支出占 GDP 比重、万人高新技术企业数量较高，城市创新活力较为突出；在住房支出超过家庭收入 50% 的城市家庭占比和城市新增商品住宅与新增人口住房需求比指标方面表现较为突出，基本满足新增人口住房需求。

二、存在的主要问题

一是公共服务设施配置不足，城市安全尚有短板。杭州市普惠性幼儿园覆盖率、人均社区体育场地面积等社区公共服务设施类指标大多位于样本城市中下游；城市安全治理方面，城市可渗透地面、城市二级及以上医院、城市标准消防站及小型普通消防站等建设稍显不足。二是低碳发展仍有提升空间，城市文化软实力有待加强。杭州市在单位 GDP 二氧化碳排放降低、再生水利用率等方面表现较差；城市历史文化街区保护修缮率、城市历史建筑空置率指标表现较差；当年获得国际国内各类建筑奖、文化奖的项目数量在特大城市中处较低水平。三是交通便捷度和通勤舒适度亟待加强，住房保障及环境有待改善。杭州市常住人口平均通勤时间较长，建成区高峰期间平均机动车速度较慢，交通便捷程度亟待提升与改善；杭州市通勤距离小于 5 公里的人口比例在特大城市中位于较差水平；常住人口住房保障服务覆盖率指标偏低，住房保障力度不足；老旧小区改造达标率、居住在棚户区和城中村中的人口数量占比指标均位于特大城市较差水平。

三、意见建议

一是依托生态人文资源，优化低碳治理和城市品质。二是加强城市安全治理能力，缓解交通拥堵状况。三是完善社区公共服务体系，缓解住房服务短板。

第十节　宁波

一、主要成效

一是资源环境条件优越，文化软实力突出。宁波市空气质量达到较好水平，生态廊道达标率、城市绿道服务水平、绿色建筑建设水平、城市生活垃圾资源化利用率也较高；在万人城市文化建筑面积、城市历史风貌破坏负面事件数量、城市国内外游客量等指标方面表现良好。二是基础设施建设较为完善，社区服务建设稳步推进。宁波市在城市道路网系统建设、专用自行车道密度、城市重要管网监测监控覆盖率等方面表现良好；社区便民商业服务设施、社区老年服务站、实施专业化物业管理等达到基本覆盖，总体分布均衡。三是城市经济、创新活力较为突出。宁波市政府负债率指标表现良好，地方政府的财政健康水平较高；全社会 R&D 支出占 GDP 比重、万人高新技术企业数量较高；城市新增商品住宅与新增人口住房需求比指标表现较为突出，基本满足新增人口住房需求。

二、存在的主要问题

一是资源环境承载能力有待提升，城市绿色低碳建设有待加强。宁波市地表水达到或好于Ⅲ类水体比例、城市环境噪声达标地段覆盖率指标在样本城市中处于较低水平；公园绿地服务半径覆盖率、单位 GDP 二氧化碳排放降低、城市生活污水集中收集率、再生水利用率等方面也表现较差。二是公共服务设施配置不足，城市安全尚有短板。宁波市在完整居住社区、普惠性幼儿园、社区卫生服务中心门诊、社区体育场地等方面建设稍显不足，公共服务设施需进一步加强配置；城市内涝积水点密度、城市可渗透地面面积比例、城市二级及以上医院覆盖率、城市标准消防站及小型普通消防站覆盖率等指标均未达标。三是交通便捷度和绿色出行率亟待提升，住房保障及环境有待改善。宁波市建成区高峰期间平均机动车速度较缓，绿色出行率稍显不足，通勤距离小于 5 公里的人口比例位于样本大城市较差水平；常住人口住房保障服务覆盖率指标、住房支出超过家庭收入 50% 的城市家庭占比均表现不佳；老旧小区改造达标率、居住在棚户区和城中村中的人口数量占比指标均位于样本大城市较差水平。三是城市历史建筑的活化利用、对中小微企业的金融支持力度有待加强。宁波市城市历史建筑空置率为 20%，相对偏高；城市信贷结构优化比例处于偏低水平。

三、意见建议

一是优化资源环境承载，提升绿色低碳治理能力。二是完善社区公共服务体系，缓解交通拥堵状况。三是加强城市安全治理能力，缓解住房服务短板。四是加强中小微企业支持力度。

第十一节 衢州

一、主要成效

一是资源环境条件优越，重视绿色低碳发展。衢州市开发强度适宜，资源环境条件优越，水、空气质量均达到较好水平，生态廊道达标率、城市绿道服务水平、公园绿地服务半径覆盖率、绿色建筑建设率、社区低碳能源设施覆盖率、绿色交通出行分担率等指标也处在较高水平。二是基础设施建设较为完善，社区服务建设稳步推进，健康舒适性较强。衢州市在城市道路网系统建设、专用自行车道密度、避难场所建设、城市街道立杆、空中线路规整性等方面表现良好；社区便民商业服务设施、社区老年服务站、社区体育场地等达到基本覆盖，老旧小区改造达标。三是风貌特色评价较好。衢州市城市历史风貌破坏负面事件、城市历史文化街区保护修缮、城市历史建筑空置率、城市国内外游客量等指标在样本中小城市均位于较优水平。

二、存在的主要问题

一是整洁有序性较差。衢州市城市门前责任区制定履约率、城市重要管网监测监控覆盖率、实施专业化物业管理的住宅小区占比等指标均未达标。在社区卫生服务中心门诊建设方面稍显不足。二安全韧性整体评价较差。在安全韧性方面的指标评价结果较差，城市消防站、人均避难场所等建设尚有短板。截至2020年年底，衢州市建成区范围内人均避难场所面积仅0.1平方米/人，与大于等于1.5平方米/人的要求还有很大差距。二是万人城市文化建筑面积较低，截至2020年年底，衢州市市辖区内还缺少市级剧院、美术馆、科技馆、会展中心，且文化馆和图书馆建筑面积不达标。在城市门前责任区制定履约率、城市重要管网监测监控覆盖率、实施专业化物业管理的住宅小区占比方面还亟待提升。三是创新活力不足，住房保障及环境有待改善。衢州市政府负债率、全社会R&D支出占GDP比重、万人高新技术企业数量、城市信贷结构优化比例位于偏低水平。常住人口住房保障服务覆盖率、住房支出超过家庭收入50%的城市家庭占比等指标均表现不佳，处于样本中小城市的较差水平；居住在棚户区和城中村中的人口数量占比指标位于样本中小城市较差水平。

三、意见建议

一是组织广大社区干部、执法队伍、秩序管理人员利用各种形式，指导各责任单位履行门前责任区管理责任，督促其做好日常管理工作；加强数智化管理，努力实现城市管理的"精细化、人性化、智能化"。二是重点加强衢江区的应急避难场所建设，特别是在其北部地区大面积居住用地内的配置。三是加强对中小微企业支持力度。

第十二节　福州

一、主要成效

生态宜居方面，近年来福州市持续推进生态保护及环境整治，生态环境品质保持优良水平。城市基本实现"推窗见绿，出门见园"，城市公园绿地服务半径覆盖率进一步提升，绿道服务半径覆盖率高达 94.0%。单位 GDP 二氧化碳排放降低比例达到福建省政府考核要求；新建建筑中绿色建筑占比有所提升。健康舒适方面，全面实施民生工程，公共服务设施覆盖。普惠性幼儿园覆盖率在 2015~2020 年年均增长 9.8 个百分点。2020 年，老旧小区改造达标率达 100%；社区低碳能源设施覆盖率达 62.68%；新建住宅建筑密度实现逐年下降。安全韧性方面，排水防涝体系逐步完善，结合海绵公园、湖体建设等，城区内新增调蓄容积 100 多万立方米，城市抵御内涝的能力不断提升。交通便捷方面，城市道路建设快速推进，路网密度位居全国前列，平均道路网密度提升至 8.30 公里/平方公里；轨道交通实现零的突破，形成轨道交通"十字"骨架，轨道站点周边覆盖通勤比例为 14%；制定"一路一策"停车政策；交通拥堵情况有效改善。风貌特色方面，打响"福州古厝"品牌，持续推进历史文化保护利用；建成公共文化服务圈，文化服务效能显著提升。整洁有序方面，聚焦城市品质提档升级，城市街道立杆、空中线路规整性、城市街道车辆停放有序性、城市重要管网监测监控覆盖率均为 100%。多元包容方面，加强弱势群体保障，稳步提高社会救助标准；全面落实租购并举住房制度，完善多层次住房保障体系。创新活力方面，支持中小微企业和个体工商户持续健康发展；加大科技创新力度，促进产业转型发展产业规模不断壮大。

二、存在的主要问题

一是完整居住社区覆盖不足。福州市五城区现有完整居住社区 75 个，所占比例为 26.4%，占比较低，覆盖率不足。其中，晋安区、鼓楼区、台江区完整居住社区所占比例较低。物业服务短板待补齐。2020 年，福州市实施专业化物业管理的住宅小区占比为 25.39%，略低于 2019 年。二是安全韧性方面，内涝防治能力显著提升，但高水高排未完工，山洪入城仍是主要威胁，江北城区内河洪涝水位仍高于警戒水位，路面行泄通道较少，管网排水能力下降时，路面积水排不走；现状固定避难场所空间分布不均，可达性有待提升。三是轨道交通覆盖范围及吸引度仍显不足，通行轨道交通覆盖度稍低，尚未形成环状线网格局；同时，地铁配套道路建设及轨道交通接驳设施有待进一步完善。

三、意见建议

一是试点建设"完整社区",通过打造完整社区,统筹配建幼儿园、老年服务站、社区卫生服务站、综合超市、慢行系统等设施,与"15 分钟生活圈"相衔接,为居民提供更加完善的公共服务。二是提升应急指挥管理水平,健全突发事件应急保障体系,优化避难场所设置;加强基础设施改造,实现安置场地利用最大化;推进城市安全和应急管理领域物联网应用,建设应急指挥综合平台系统。三是将轨道交通连线成网,促进新老城快速联动;优化内部路网结构,提升道路承载能力;进一步改善出行服务品质,完善公共交通设施短板。

第十三节 厦门

一、主要成效

生态宜居方面,厦门市持续推进"城在海上、海在城中""山海相拥、城景相依"的"生态花园"城市建设,在全国率先实现"三线一单"成果落地应用。健康舒适方面,厦门市教育、医疗、养老、城乡基础设施建设等民生社会领域短板补齐加快,"爱心厦门"成为城市新名片;已实现社区老年服务站 100% 覆盖,居家和社区养老服务改革设点获评全国优秀。安全韧性方面,城市"渗、滞、蓄、净、用、排"能力得到较大提升,内涝防御能力较强;事故灾难防控取得显著成效,人民群众对社会安全满意度高。交通便捷方面,开通多条洲际航线,搭建物流空中通道;中心城区通勤时间、高峰时段机动车速度、通勤距离小于 5 公里的人口比例等情况良好,职住分离度小;地面公交出行幸福指数,绿色出行意愿指数在全国排名靠前。风貌特色方面,历史空间保护修缮及利用率高,传统遗存延续得当,编制多个历史建筑保护规划,全市文旅市场供给丰富,文化旅游活动精彩纷呈。多元包容方面,无障碍设施的建设水平换挡提速;社会保障全面扩面提质,城乡居民城市最低生活保障标准逐年增加,有效巩固兜底保障脱贫攻坚的成果。创新活力方面,持续流入的年轻人口和良好的教育素质为厦门市提高创新活力、加快产业转型升级提供一定的人口基础;全市中小微企业发展呈现出市场主体增加、就业形势平稳、经营状况回暖的良好趋势。

二、存在的主要问题

一是岛内开发强度高(超过 70%),新建住宅建筑高度超过 80 米的数量多,仍需加大管控力度。二是完整居住社区覆盖率相对较低,老旧小区基础设施及物业管理方面还有较大缺失。三是标准以及小型普通消防站部分区域的覆盖存在较大盲区。四是轨道站点对通勤人口覆盖存在不足，有待提升；进出岛压力依旧存在。

三、意见建议

一是全面加快跨岛发展。岛内加快空间优化、推动老城区更新，岛外完善商业、基础设施、社会事业配套，以城兴业、以产促城、融合发展，实现人口向岛外疏解。严格控制开发强度和建筑高度。二是开展社区普查工作，根据各社区实际情况，制定完整居住社区建设实施方案，配建缺少的社区体育场地、商业便民、充电桩等设施，补齐短板、提升质量、推动均衡化发展。三是提高消防救援覆盖率，加快各级消防站建设、实施与完善，破解消防站覆盖率不足的难题，打通灭火救援"最后 1 公里"。四是加快推进轨道交通建设和 TOD 综合开发。倡导轨道交通站点与周边用地一体化开发，实现轨道客流、沿线用地和人口聚集的同步增长，提升轨道交通出行分担率。强化轨道和建筑、地面公交站点一体化衔接，提升站点 15 分钟的辐射范围，提高轨道交通出行竞争力。

第十四节　南昌

一、主要成效

一是生态环境基础良好，生态宜居存在优势。南昌市区域开发强度和城市人口密度均在合理区间内。城市建成区公园绿地服务半径覆盖率、城市环境噪声达标地段覆盖率、水环境质量均位于样本城市上游。全年空气质量优良天数为 335 天，空气优良天数占比 91.8%，城市生态环境本底良好。二是交通便捷度逐步提升，居民出行便利。高峰期平均机动车速度为 20.5 公里/小时，表现良好。轨道站点周边覆盖通勤比例位于样本城市上游，绿色交通出行分担率较高。三是城市特色日益彰显，旅游市场繁荣兴旺。历史文化保护相对完整，城市整体风貌有所提升。南昌市建成一大批文旅项目，已经形成了以汉代海昏侯国遗址公园为载体的汉代文化旅游市场，旅游产业充满活力。虽然 2020 年受新冠肺炎疫情影响，但近几年南昌市旅游吸引力增强，旅游接待量、旅游收入逐年增加。

二、存在的主要问题

一是完整社区配置不足，专业化物业管理水平有待提升。南昌市完整居住社区覆盖率在样本城市中相对靠后。社区便民商业服务设施覆盖率、社区老年服务站覆盖率、普惠性幼儿园覆盖率等指标均位于样本城市下游。实施专业化物业管理的住宅小区占比仅为 31%，位于样本城市末列。二是城市基础设施和安全韧性存在短板。污水管网和处理设施建设滞后，生活污水集中处理率与其他省会城市相比有较大差距。城市内涝点较多，城市可渗透地面面积比例有待提高。城市二级及以上医院覆盖率为58.8%，位于样本城市下游。人均避难场所面积不足，消防站覆盖水平偏低。三是历史文化资源保护与活化利用水平较低。南昌市拥有良好的历史文化资源基础，但城市历史文化街区保护修缮率为66.7%，位于样本城市中游。四是创新性不足，城市活力有待提升。全社会R&D支出占GDP比重为2.0%，位于样本城市中游。万人新增中小微企业数量排名居中。万人新增个体工商户数量为62.5个，在市场主体、高新技术企业、上市企业质量等方面均有差距。

三、意见建议

一是推动创新驱动发展，增加人才吸引力。二是推动完整居住社区建立，打造"15分钟生活圈"。三是彰显特色，塑造城市特色风貌。四是增强基础设施保障能力，建设韧性城市。

第十五节 赣州

一、主要成效

一是生态宜居性较好。生态廊道达标率、建成区的绿道密度、新建建筑中绿色建筑占比均位于样本城市上游，公园绿地服务半径覆盖率高。城市空气质量、水环境质量、噪声达标地段指标表现良好。城市单位GDP二氧化碳排放降低幅度较大，新建建筑中绿色建筑占比位于样本城市上游。二是城市整洁有序。赣州市在城市整洁有序方面在样本城市中处于较高水平。城市街道立杆、空中线路规整性、城市街道车辆停放有序性、城市窨井盖完好率达到满分，城市门前责任区制定履约率接近满分。

二、存在的主要问题

一是绿色出行便捷度不足。赣州市建成区道路网密度为5.2公里/平方公里，较8公里/平方公里的标准有所差距。城市常住人口平均单程通勤时间为31.8分钟，在样本城市中用时较长。专用自行道路密度为0.7公里/平方公里，在样本城市中处于中游水平。二是基础设施欠账明显。城市生活污水集中处理率、再生水利用率居于样本城市下游，生活垃圾资源化利用率处于样本城市中游。三是城市创新活力不足。全社会R&D支出占GDP比重为

1.4%，位于样本城市下游，上市公司数量排名靠后，城市创新活力表现一般。四是专业化物业管理欠缺。赣州市建成区范围内实施专业物业管理的住宅小区占比为 45.4%，位于样本城市下游。

三、意见建议

一是优化交通系统，提升绿色出行水平。二是补足基础设施短板，保障城市安全。三是优化创新环境和营商环境，提升城市吸引力。四是开展完整社区建设，推动专业化物业管理。

第十六节　景德镇

一、主要成效

一是城市生态环境要素保护较好。景德镇空气环境质量及水环境质量均位于样本城市前列。市辖区建成区内环境噪声达标地段面积占建成区总面积的比例达到 98.8%，城市声环境质量较好。二是城市发展注重风貌建设，文化产业发展较好。景德镇未发生历史风貌破坏负面事件，万人城市文化建筑面积达到 5546.7 平方米 / 万人，位于样本城市前列。三是城市干净整洁，景德镇干净整洁，在环境治理和智慧管理两个方面具有优势，城市街道车辆停放有序性、城市窨井盖完好率、数字化城市管理覆盖率均为 100%。

二、存在的主要问题

一是城市交通便捷性存在短板。景德镇城市道路网密度较低，城市专用自行车道密度仅为 0.7 公里 / 平方公里，位于样本城市下游。二是多元包容性差，常住人口住房保障不足。在生活保障方面，常住人口住房保障服务覆盖率为 14.08%，低于《江西省住房城乡建设事业"十三五"规划纲要》中提出的"十三五"期间，保障性安居工程覆盖城镇常住人口达到 23% 以上的目标。三是城市社区物业管理水平仍较低。景德镇实施专业化物业管理的住宅小区占比仅为 30.7%，位于样本城市末位。同时，居民满意度调查发现，居民对小区物业管理满意度较低。四是城市人口活力、产业升级动力不足。景德镇市辖区内当年小学生入学人数较基准年（2015 年）城市小学生入学人数的增长率为负值，位于样本城市末位。全社会 R&D 支出占 GDP 比重仅为 1.6%，位于样本城市下游。

三、意见建议

一是加强交通基础设施建设，提升城市品质。二是保障和改善民生，多举措推进保障性安居工程建设。三是增强物业管理，聚焦城市管理最小单元。四是提高景德镇城市软实力，全面提升城市活力与科技创新水平。

第九章
华中地区城市

河南
郑州

郑州郑报文化传媒有限公司供图

郑州郑报文化传媒有限公司供图

郑州郑报文化传媒有限公司供图

河南
洛阳

洛阳市住房和城乡建设局供图

洛阳市住房和城乡建设局供图

洛阳市住房和城乡建设局供图

湖北 武汉

武汉市城市建设档案馆供图

武汉市城市建设档案馆供图

武汉市城市建设档案馆供图

湖北
黄石

黄石市住房和城乡建设局、《黄石日报》供图

黄石市住房和城乡建设局、《黄石日报》供图

黄石市住房和城乡建设局、《黄石日报》供图

黄石市住房和城乡建设局、《黄石日报》供图

湖南
长沙

长沙市城市人居环境局供图

长沙市城市人居环境局供图

长沙市城市人居环境局供图

湖南 常德

常德市住房和城乡建设局供图

常德市住房和城乡建设局供图

常德市住房和城乡建设局供图

常德市住房和城乡建设局供图

第一节 郑州

一、主要成效

一是注重人文城市建设,历史建筑活化利用较好。城市历史文化街区保护修缮率达到了全覆盖,城市历史建筑空置率维持在较低水平;2020年城市市辖区内获得国家、国际奖项的项目数量为51个,城市文化建筑面积达到1717.0平方米/万人。二是积极践行绿色城市建设,引导城市低碳生活。节能减碳成效显著,2020年郑州市单位GDP二氧化碳排放为1.27吨/万元,相比2019年降低了8.04%;绿色建设成效突出,建成区新建建筑中绿色建筑占比为100.00%,绿道服务半径覆盖率为99.76%,公园绿地服务半径覆盖率为92.06%;资源循环利用三项指标在省会城市中领先,生活污水集中收集率为100%,再生水利用率达到50%,城市生活垃圾回收利用率为72.31%;轨道站点周边覆盖通勤比例达到21.7%,城市绿色交通出行分担率达到82.5%;城市社区低碳能源设施覆盖率达到85%。三是城市产业创新势头良好,城市发展富有活力。郑州全社会R&D支出占GDP比重为3.35%,位于样本城市上游,万人高新技术企业数量达到1.36个/万人;万人新增中小微企业数量以及万人新增个体工商户数量均位于样本城市上游水平;城市信贷结构优化比例为185.2%,政府负债率维持在较低水平,城市小学生入学增长率及人口年龄中位数与同等规模城市相比均较有优势。

二、存在的主要问题

一是城市开发强度较高,人口密度较大。郑州建成区面积占市辖区总面积达到了58.6%,位于样本城市首位。同时,郑州市辖区建成区内人口密度超过每平方公里1.5万人的地段总占地面积达到了171平方公里,城市高密度人口用地约占建成区用地面积的28%,存在"高强高密"现象。二是城市生态环境要素保护仍需加强。郑州全年空气质量优良天数比率位于样本城市下游;地表水达到或好于Ⅲ类水体比例仅为45.9%,同时,城市环境噪声达标地段覆盖率也较低。三是城市完整居住社区建设存在短板。郑州完整居住社区覆盖率仅为27%,位于样本城市下游。其中,社区便民商业服务设施覆盖率不足75%,普惠性幼儿园不足的问题相对更为突出。老旧小区改造达标率仅为64.3%,位于样本城市下游。四是安全韧性仍是城市发展的重要关切。郑州市辖区建成区内具有渗透能力的地表(含水域)面积占建成区面积的比例仅为22.1%,结合较高的区域开发强度,郑州城市内涝防治与灾害应急响应能力亟需增强。城市二级及以上医院覆盖率不足,社区卫生服务中心门诊分担率仅为13.6%。城市标准消防站及小型普通消防站覆盖率、城市重要管网监测监控覆盖率均较低。

三、意见建议

一是严控城市无序发展，以组团思维推动宜居城市建设；二是严抓城市生态环境，关注城市人居环境建设；三是关注城市社区建设，保量保质推动城市有机更新；四是关切城市安全体系建设，大力推进城市应急管理体系和能力现代化。

第二节　洛阳

一、主要成效

一是城市建成区内绿道建设较好。2020 年洛阳城市绿道 1 公里半径（步行 15 分钟或骑行 5 分钟）覆盖的市辖区建成区居住用地面积占市辖区建成区总居住用地面积的比例为 88%，位于样本城市上游。二是城市完整居住社区建设取得成效。洛阳完整居住社区覆盖率达到了 46.5%，位于样本城市上游。同时，洛阳人均社区体育场地面积为 0.32 平方米 / 人，人均体育场地面积为 2.21 平方米 / 人。洛阳市辖区建成区内配备低碳能源设施的社区占比达到 78.3%。三是城市住房保障服务稳步推进。洛阳市针对城市新市民、青年人的住房保障服务覆盖率达到 32.2%；城市居民最低生活保障标准占上年度城市居民人均消费支出比例从 2019 年的 26.28%，提高到 2020 年的 28.40%；住房支出超过家庭收入 50% 的城市家庭占比较低，常住人口住房保障服务覆盖率为 40.9%，两项指标均处于较好水平。

二、存在的主要问题

一是城市历史文化建筑保护及活化利用仍需加强。2020 年，洛阳城市历史风貌破坏负面事件数量达到 5 件。城市挂牌历史建筑空置率达到 40.8%，位于样本城市上游。2020 年全市未获得国际国内各类建筑奖、文化奖。二是城市静态交通短板突出。洛阳城市街道车辆停放有序性仅为 29%，在样本城市中排名较为靠后。三是城市道路无障碍设施建设不足。洛阳城市市辖区建成区内主干道、次干道、支路的无障碍设施设置率仅为 61%，位于样本城市下游。四是城市人口活力及产业活力不足。以 2015 年为基值，洛阳城市小学生入学增长率仅为 17.1%，位于样本城市下游。此外，洛阳万人新增中小微企业数量仅为 18.9 家，同样位于样本城市下游。

三、意见建议

一是推动文化保护传承弘扬行动，推动文化产业与科技、制造、教育、体育等产业融合。二是开展城市管理靓丽行动和车辆停放秩序整治行动，重点围绕解决"停车难、停车乱、管理弱"三大难题，建成地上、地下一体化智能管网监控平台。三是开展无障碍环境建设行动，对市区重点区域和重点领域的无障碍设施未能有效使用、损毁、配套不完善等问题进行整改；四是加强交通拥堵治理行动，推行交通弹性需求管理，加快城市公共自行车系统建设，积极倡导自行车出行。

第三节 武汉

一、主要成效

生态宜居方面：生态资源禀赋优越，城市人居环境持续改善武汉市生态基底优越，整体呈现两江八水、百湖镶嵌、河网密布的水系网络格局，近年来生态环境修复与治理取得了显著成效，二氧化碳减排成效明显、空气优良天数稳步上升、公园服务半径逐年上升。健康舒适方面：公共服务设施覆盖率较高，居民生活品质提升，公共服务设施建设水平不断提高，市民公共文化体育生活不断丰富，生活品质与幸福感不断提升。安全韧性方面：风险防控和安全治理水平显著提高，城市内涝风险显著缓解。交通秩序显著改善，全面打造23条、110公里停车秩序示范路，全市依法取缔私设私占停车设施153处，清理僵尸车，还路于民；保障了桥梁隧道绝对安全，交通事故死亡人数连续8年下降；重大公共卫生事件应对能力跨越式提升。交通便捷方面：公共出行比率增加，交通拥堵有所缓解，武汉市近年来出行环境良好。公共交通建设进展迅速。风貌特色方面：历史建筑保护不断加强，旅游业稳步恢复，截至2020年年末，全市共有A级旅游景区47个，比上年增加3个；星级以上宾馆57家。整洁有序方面：环卫设施不断完善，市容保洁水平不断提高，生活垃圾回收利用率和生活污水集中收集率不断提高。多元包容方面：社会保障措施合理稳定，弱势群体关怀力度不断加强，城市困难群众的基本权益得到有效保障。武汉市加大对低保户和残疾人群体就业扶持力度，让城市弱势群体生活质量有保障，公共空间无障碍设施覆盖率总体较好。创新活力方面：就业人口素质不断提高，高新技术产业和民营经济得到突破性发展，高新技术产业不断增加，新增民营企业数量总体呈上升趋势。

二、存在的主要问题

一是人居环境品质有待进一步优化。部分传统高集聚度地区人口密度和建筑密度双高,尽管生活便利性较高,但人居环境品质亟待改善;社区绿地供给均有待提升,公园绿地建设、特别是社区公园和口袋公园等对居民贴身服务的生态绿化空间总量有待进一步提高。二是完整居住社区建设仍有不足,健康舒适有待提升。完整居住社区覆盖率为26.7%,未达标。学前教育资源配置、社区体育场地建设等方面仍需加强。老旧小区改造达标率和实施专业化物业管理的住宅小区占比均低于达标值。三是城市安全韧性能力有待进一步提高。社区门诊分担率需进一步提升,公立医院"就诊等候时间长"的问题也在居民满意度调查中体现。消防站服务能力有待进一步提升。

三、意见建议

一是铺开"基底型"生态空间小微单元,建立普惠均好的日常绿化环境,完善城市公园体系布局。二是结合老旧小区改造,推进完整居住社区建设。三是提升城市健康与安全韧性水平。

第四节 黄石

一、主要成效

生态宜居方面,黄石自然生态本底条件优越,建成区绿化覆盖率、公园绿地服务半径覆盖率满足国家森林城市评价标准,生态廊道建设达标,城市组团有序发展,宜居度高;单位GDP二氧化碳排放不断降低、城市生活污水集中收集率达标、再生水利用水平较高,环保力度总体投入较大,取得了较大成效。健康舒适方面,便民服务设施服务覆盖率高;老旧小区改造达标率达100%,新建住宅建筑密度控制较好,职住基本平衡,城市品质提升较大。安全韧性方面,安全事件控制优;基础设施安全性好。交通便捷方面,道路通畅度较高,高峰期平均机动车速度高于全国大多城市;公共交通基础好,公共交通覆盖率高,每万人拥有公共汽车数量高达14辆,远高于"全国文明城市"评价标准。风貌特色方面,城市文化建筑数量质量较高,人均文化设施面积高于湖北省多数城市;同时历史文化街区以及历史建筑和文物保护单位数量较多,历史文化载体丰富,保存相对完整。整洁有序方面,设施监管覆盖高,专业化物业管理的住宅小区占比大幅提高。多元包容方面,困难群体救助力度、公共租赁住房利用率均较高,住房压力适中,困难群体服务设施均衡性好;无障碍设施投资建设力度大,建设情况好,出行友好度提升；棚户区改造逐年推进，老旧小区改造达标率高，建设品质较好。黄石市创业活力饱满，城市实际服务人口为常住人口的 141%，城市吸引力高，人口活跃度高。

二、存在的主要问题

一是公园绿地覆盖率低，生态宜居环境建设仍有待提高。开发强度过高，2020 年市辖区开发强度远高于《中国建设用地总量控制与差别化管理政策研究》中 20%~30% 区间的要求；市辖区内新建住宅建筑高度超过 80 米的数量过多，对城市景观风貌影响较大；新建建筑中绿色建筑占比和城市环境噪声达标地段覆盖率均未达标。二是老旧小区改造有待推进。老旧小区改造达标率在参与样本中小城市中位居下游，实施专业化物业管理的住宅小区占比在样本中小城市中排名倒数第 4。三是安全韧性有待提高。灾害防治、消防救援能力不足；城市内涝积水时有发生，城市应急救援系统建设不全面；标准消防站及小型普通消防站覆盖率不足，存在消防救援隐患；交通安全风险管控见效慢。四是道路通畅性与慢行环境有待优化。城市道路网密度为 3.8 公里/平方公里，专用自行车道密度为 0.7 公里/平方公里，均未达标。五是保障性住房供给不足。常住人口住房保障服务覆盖率较低，"六稳六保"、改善营商环境、人才住房等需求高，住房保障工作压力大。

三、意见建议

一是生态修复绿化改造，打造山水黄石。二是聚焦 15 分钟生活圈，打造健康黄石，优化资源配置，完善基本医疗卫生服务体系。三是完善民生保障体系，打造幸福黄石，租售并举，保障住房需求。

第五节 长沙

一、主要成效

长沙市整体健康状态良好，客观评价指标中有一半以上的指标呈现出趋势向好或总体达标状态，大部分主观指标整体满意度优良。

生态宜居方面，长沙市的生态宜居性总体表现较去年趋势向好，主要体现在绿色生态环境持续改善、城市开发强度与用地集约程度较适宜、新建住宅环境品质相对宜居。安全韧性方面，城市二级及以上医院覆盖率较高，医院建设成效突出，城市道路交通及治安安全整体表现良好。交通便捷方面，城市公共交通体系建设发展情况较好，城市道路拥堵状况总体有所改善,绿色交通设施建设较好。风貌特色方面,城市文化魅力持续彰显,国际国内各类建筑奖、文化奖的项目数量较多,万人城市文化建筑面积超出行业参考值。同时,城市历史文化传承与创新不断提升,利用多样方式使历史建筑重新焕发生命力。多元包容方面,长沙市住房保障坚强有力,城镇登记失业率控制总体较好。创新活力方面,城市吸引力不断增强,人口年龄结构合理,其中小学生入学增长率逐年上涨。营商环境友好,万人新增中小微企业数量、万人新增个体工商户数量、万人上市公司数量和千人市场主体数指标表现较好,城市创新能力增强。

二、存在的主要问题

健康舒适方面,社区养老需求与供给存在矛盾,养老服务设施存在配置不均衡的问题,居民对高层次的社区服务普遍不满意;社区低碳能源设施建设不足,老旧小区改造推进需提质增速。安全韧性方面,城市消防设施建设与布局优化有待加强,消防安全隐患较高,居民对城市消防安全隐患的满意度较低;同时,应急医疗管理体系未健全,城市医疗废物处置能力有待提升,居民医院就诊等待时间过长。交通便捷方面,城市道路网密度不足,居民对道路通畅性不满意。整洁有序方面,居民对物业服务水平满意度较差,城市街道车辆违规停放现象严重,影响居民生活。

三、意见建议

一是完善城市绿色生态空间网络格局;综合治理重点污染物、重要污染防治区;通过联合执法的方式加强夜间噪声监管,加强能源统计和监测工作,提升工业类新建绿色建筑的比例。二是加快推进养老服务体系建设,提升新能源充电桩等绿色低碳设施的覆盖率;科学优化普惠性幼儿园空间布局;鼓励优质医疗服务资源下沉社区,加快推进分级医疗。三是优化消防站的布局,提升城市消防站覆盖率;扩能提质现有医疗废物集中处理设施,加强海绵城市建设工作和城市排水管网、城市堤防及河湖调蓄等基础设施体系的规划、建设与管理工作。四是加强对步行、骑行环境的营造和维护,优化常规公交路线网络,提升公交车准点率和覆盖率。

第六节 常德

一、主要成效

一是自然生态格局好,环境保护与治理成效突出。常德市城市开发生态格局良好,人工环境与自然环境有机协调,城市声环境近三年控制平稳,污染防治水平与生态环境质量持续改善，达到目标值。二是公共服务设施覆盖率高，健康舒适性较好。普惠性幼儿园整体呈上升趋势，绝大多数幼儿都能得到享受价格适中的幼儿园入读机会，能较好地满足居民需求，同时，社区老年服务站覆盖率稳步推进，指标总体达标。三是交通便捷，可达性好。常德市应对交通事故能力较佳，刑事案件发生率远低于目标值，城市道路交通及治安安全整体表现良好；城市道路拥堵状况总体有所改善，高峰期平均机动车速度有所提升并达到目标值。除此之外，常德市绿色交通设施建设发展较好，绿色交通出行分担率达到目标值。四是住房保障好，多元包容情况较好。城市多元包容总体情况较好，人口流入量位居湖南省中上游水平，城市居民最低生活保障标准占上年度城市居民人均消费支出比例超出预估参考目标值。

二、存在的主要问题

生态宜居方面，常德市人口密度过大，建筑高度控制不佳，区域开发强度接近管控临界值，住房质量及维护水平难以满足居民需求。同时，城市绿道服务半径覆盖率和公园绿地服务半径覆盖率不足，空气质量和夜间声环境质量有待改善，工业类绿色建筑缺少大力推广。安全韧性方面，常德市消防安全防控能力不佳，城市应急医疗管理体系不健全，城市排水防涝建设、应急基础设施建设有待加强。交通便捷方面，城市道路网密度过低，BRT 快速交通发展滞后，停车不便，通勤成本较高。风貌特色方面，常德市民用建筑设计特色有待提升。整洁有序方面，城市社区专业化物业服务水平较低，车辆违规停放现象严重，门前责任区履约率未全实现和城市街道立面管理不足，重要管网监测监控设备和公厕设置不足。创新活力方面，城市新增住宅需求矛盾以及对新增住宅供需不均，科研经费支出较低，并且高新技术企业受到新冠肺炎疫情等影响数量下降，写字楼空置率较高。

三、意见建议

一是提升生态宜居品质，发挥住房保障优势。适度控制人口规模，优化人口空间分布，疏解城市密集人口；完善绿色生态空间网络格局；改善夜间声环境，保障居民睡眠质量和身心健康；持续加强完整居住社区建设，提高社区服务品质，提升居民住房环境，补足完整居住社区建设短板。二是提升安全韧性建设水平。加强城市消防设施建设，提升城市医疗废物处置能力，优化道路交通网络系统和交通指示信号系统、加大遵守交通秩序宣传力度。三是提升城市创新活力。需进一步加强新增商品住宅供应，平衡对新增住宅的供需不均。同时，加大用于基础研究、应用研究和试验发展的经费支出，大力扶持高新企业的发展。

第十章

华南地区城市

广东
广州

广州市住房和城乡建设局供图

广州市住房和城乡建设局供图

广州市住房和城乡建设局供图

深圳
广东

王泽中 摄影

王泽中 摄影

王泽中 摄影

南宁
广西

谭家强 摄影

谭家强 摄影

谭家强 摄影

广西
柳州

柳州市住房和城乡建设局供图

柳州市住房和城乡建设局供图

柳州市住房和城乡建设局供图

海南
海口

海口市住房和城乡建设局供图

海口市住房和城乡建设局供图

海口市住房和城乡建设局供图

海南
三亚

成军 摄影

成军 摄影

成军 摄影

第一节 广州

一、主要成效

一生态环境质量显著改善，城市绿化水平持续提升。广州市区域开发强度低于20%，人口密度超过每平方公里1.5万人的城市建设用地规模是超大城市中规模最小的，现状建成区高层住宅栋数、建成区现状住宅平均层数等指标在超大城市中，甚至在南方大城市中指标表现良好。城市生态廊道达标率、城市绿道服务半径覆盖率、公园绿地服务半径覆盖率等指标在超大城市中居上游。二是交通基础设施基础好，城市职住平衡水平较高。2020年公共交通出行分担率达50.6%，常规公交运能配置不断优化；轨道站点周边覆盖通勤比例提升至22.8%；停车设施供给快速增长，城市道路网密度持续处于达标水平；居民平均单程通勤时间较上年轻微好转至38.1分钟。三是城市基础设施和生活服务设施建设较完善。一老一小设施配套及老旧小区改造等显著提升；医疗卫生资源分层级系统建设、空间配置持续优化，新冠肺炎疫情防控成效明显。四是城市风貌特色突出，出台一系列历史建筑活化利用政策。2020年广州历史建筑空置率为6.5%，低于国家10%的要求，与2019年城市问题历史文化资源活化利用不足相比，有了明显提升。五是城市经济活跃度较高，创新能力和创新氛围好。广州市城市经济活跃基础好，万人中小微企业数量、万人高新技术企业数量、万人高新技术企业数量、全社会R&D支出占GDP比重等指标均处于样本城市上游水平，部分指标在超大、特大城市中也位居前列。

二、存在的主要问题

局部地区人口密度较高，住宅高度密度管控工作有待加强。中心城区开发强度和人口密度双高，在资源承载力方面压力较大、人口疏解工作有待结合多中心产城融合片区的建设持续推进；住宅建筑过高的问题较为突出；部分区域住宅建筑密度管控有待进一步加强。交通拥堵问题依然存在，停车泊位难以匹配汽车需求。道路拥堵情况在全国处于前列，局部路段高峰期拥堵严重；停车泊位的增长难以匹配汽车保有量的增长，导致供需矛盾突出。社区生活圈的设施配置不均，物业管理水平有待提升。完整居住社区覆盖率缺口仍较大；各区社区体育场地供给不均，中心区人均社区体育场地面积较低；社区低碳能源设施覆盖率配置不均，老旧小区物业管理覆盖率低。创新型城市建设面临一定压力。受新冠肺炎疫情影响，广州市在骨干人才、研发投入、科技成果转化机制、创新型城市发展等方面均面临一定的压力，其中人才要素已超过资金和技术，成为制约企业技术创新的首要问题。

三、意见建议

一是持续推进中心城区功能有机疏解，从严管控住宅高度密度审批。二是持续加强海绵城市建设，加快推进消防设施规划建设。三是激活市场活力多主体参与停车供给，微改造治理交通堵点。四是以社区生活圈为引领，创新社区公共服务供给机制，多途径提升老旧小区管养水平。五是高度重视新冠肺炎疫情对企业经营及创新的影响，促进人才、技术、资金等各类创新要素的空间集聚。

第二节　深圳

一、主要成效

绿色生态发展全国领先，低碳节能减排措施卓有成效。大气环境质量处于全国领先地位，生态建设成效显著；人均公园绿地面积和城市绿化覆盖率稳居全国前列，公园绿化社会满意度调查结果位列样本城市第一。社区建设取得长足进步，市民满意度较高。低碳能源设施、5G网络覆盖、城区绿化覆盖率方面表现突出，达到全国乃至国际领先水平；绿色居住社区、完整居住社区、商业服务网点与老旧小区改造达标率等指标也保持较高水平。城市综合应急体系建设完备，城市安全度较高。城市交通安全、社会治安方面居于超大、特大城市前列。城市道路交通事故万车死亡率逐年降低；人均避难场所面积逐年增加；城市二级及以上医院、消防站基本全覆盖。综合交通体系建设完善，城市道路网密度建设处于全国领先水平。道路网密度位列超大城市之首；特区交通一体化发展卓有成效；绿色交通出行方式普及度高，绿色交通出行分担率在全国表现较突出。市容面貌不断改善，城市管理水平不断提升。门前责任区制定履约率、城市街道立杆、空中线路规整性、城市街道车辆停放有序性、城市重要管网监测监控覆盖率与城市窨井盖完好率等指标均达到100%。经济活力较高，创新创业环境良好。深圳市万人中小微企业数量、高新技术企业数量、上市企业数量等指标均引领全部样本城市。全社会R&D支出占GDP比重高。

二、存在的主要问题

一是城市强度高，人口密度大，城市环境压力大。深圳城市空间布局紧凑，城市组团规模较大，建设强度较高。目前深圳新建住宅建筑高密度情况普遍，单位GDP二氧化碳排放降低、水环境质量、城市公园绿地服务半径覆盖率等指标排名靠后。二是城市更新任务重，生活配套服务需进一步完善。深圳老旧小区改造达标率明显低于其他一线城市和超大城市。社区便民服务、社区养老、普惠性幼儿园各类设施服务覆盖率尽管处于样本城市的中上游，但均未达标。三是无障碍通行、步行环境需优化提升。深圳城市绿色出行交通分担率位于中游水平。这与深圳道路无障碍设置率、连续贯通步道占比等指标在超大城市和大城市中表现不佳有关。四是住房可支付性低，城市多元包容性有待提升。深圳房价高，城市保障性住房供给不足，常驻人口住房保障服务覆盖率在所有样本城市中最低，住房支出超过家庭收入50%的城市家庭占比，以及居住在棚户区和城中村的居民人口数量占比都是最高的。

三、意见建议

一是加强城市环境整治，提高舒适度、宜居性以及安全韧性。二是提高住房可支付性，完善社会保障和包容性。三是发展绿色交通，构建综合高效交通系统。四是持续加强城市文化建设，挖掘城市特色，提升文化魅力。

第三节 南宁

一、主要成效

一是人居环境持续改善，生态优势保持领先。2020年南宁市坚持治水、建城、为民，提高民生支出，切实提升改善人居环境，推动城市高质量发展，黑臭水体治理、"百里秀美邕江"打造等方面提升明显；地表水水质达标、空气环境质量保持领先，持续提升"南宁蓝"品质，空气质量优良天数比率等二级指标情况优势突出。二是交通体系不断完善，出行便捷度不断提升。轨道交通4号线开通推动地铁线运营形成"井字形"网络，南宁市进一步完善以轨道交通线网为骨干、各类交通无缝衔接的城市公共交通体系，人居环境满意度调查中，轨道交通站点设置和覆盖方面的居民满意度接近90分。在交通、通勤方面，城市道路密度进一步提升，"5公里幸福通勤"人口占比上升，45分通勤时间内人口占比高于全国平均水平。三是城市特色不断加强，风貌塑造得到认可。南宁市进一步强化壮乡首府文化特色、团结民族的目标，加强非遗活化利用；2020年度城市建筑、文化传播获奖超过80项，同时依托历史文化名城的建设，对历史文化街区的保护利用项目，如"老南宁·三街两巷"、中山路均获得本地居民、外来游客较高的认可度，在人居环境满意度调查中反映出本地居民对文化设施、相关历史传统保护力度的满意度也较高。

二、存在的主要问题

一是人口分布密度不均，需进一步优化居民与城市共生关系。从城区、街道及社区层面的人口分布来看，部分城区、局部人口密度偏高势必造成一定程度上人居环境舒适度的下降，老城区完善的"学、铁、商、医"等对人口吸引的热度不减，新区配套设施仍在完善，加之一定的职住分离度，对城市交通、设施提出了更高的协调要求。从大趋势看，新市民安居、改善型需求仍是走向"人随地走"和职住平衡，未来应结合人口流动趋势的判断进一步优化城市人居的综合格局。二是老旧小区改造程度低，住房保障和住房支出的情况有待提升。南宁市人口超过每平方公里 1.5 万人的城市建设用地规模为 127 平方公里，在样本城市中排名靠前。建成区老旧小区改造达标率为 40.6%，在样本城市中排名靠后。常住人口住房保障服务覆盖率为 31.2%，位于样本城市中游。住房支出超过家庭收入 50% 的城市家庭占比为 18.2%，住房支出占比较高。三是创新活力不足，人才吸引力弱，研究经费投入相对不足，企业发展乏力。城市人口年龄中位数为 33 岁，在样本城市中位于下游。南宁市研究经费投入相对不足，全社会 R&D 支出占 GDP 比重为 2.3%，在省会城市中居于下游；政府负债率为 36.75%，较高，在样本城市中居上游。万人新增个体工商户数量为 36.9 个/万人，在样本城市中排名靠后；万人上市公司数量为 0.1 个/万人，在省会城市中排名靠后；万人高新技术企业数量为 0.6 个/万人，在样本城市中排名靠后；万人新增中微小企业为 41.7 个/万人，表现一般。

三、意见建议

一是结合人口流动趋势的判断进一步优化城市人居的综合格局。二是加强老旧小区改造，推动城市更新，提高住房保障。三是加大全社会研发支出，鼓励企业创新发展，提高城市创新活力。

第四节 柳州

一、主要成效

一是生态环境状况优良。柳州市生态廊道达标率为 100%，空气质量优良，地表水环境质量高，新建建筑中绿色建筑占比达标，公园绿地服务半径覆盖率相对较高。二是社区建设和设施配套水平整体较高，安全设施建设较好。柳州的完整居住社区覆盖率在样本城市中位于中游，人均社区体育场面积在样本城市中处于较高水平，老旧小区改造达标率和低碳能源设施覆盖率适中，新建住宅建筑密度低。城市二级及以上医院和消防站覆盖率均良好，人均避难场所面积指标适中。三是城市风貌特色维护有力。当年建筑奖、文化奖获奖项目较多，未发生城市历史风貌破坏负面事件，城市历史文化街区保护修缮率达100%。四是低收入人群生活保障较好。城市居民最低生活保障标准占上年度城市居民人均消费支出比例较高，常住人口住房保障覆盖率较高，住房支出超过家庭收入50%的城市家庭占比较低，道路无障碍设施设置率位于样本城市中游。

二、存在的主要问题

一是人口密度和建筑高度偏高，资源利用效率不高。区域开发强度偏低，组团规模偏大，人口密度较高，新建住宅建筑高度超过80米的数量偏多，城市单位GDP二氧化碳排放降低幅度一般，城市环境噪声达标地段覆盖率偏低，生活污水集中收集率不高，城市生活垃圾资源化利用率偏低。二是社区一老一小服务设施不完善，城市韧性不强。社区便民商业服务设施、社区老年服务站、普惠性幼儿园覆盖率均有提升空间。城市年安全事故死亡率、城市道路交通事故万车死亡率偏高，城市内涝积水点密度偏高，城市可渗透地面面积比例偏低。三是机动车交通出行环境待提升。建成区高峰期道路顺畅程度欠佳，城市道路网密度偏低，城市居民通勤距离小于5公里（幸福通勤）的人口偏低。四是历史文化资源利用不足。历史建筑空置率略高，万人城市文化建筑面积偏低，城市国内外游客量低。五是小区物业管理与街道车辆停放管理待完善。实施专业化物业管理的住宅小区占比低，城市街道车辆停放有序性较差，城市街道立杆、空中线路规整性仍有差距。六是城市创新创业环境待加强。万人新增中小微企业、个体工商户、高新技术企业、上市公司数量偏低，全社会R&D支出占GDP比重为2.2%，位于样本城市中游。

三、意见建议

一是注重组团化发展与人口疏解。二是补充完善社区配套设施，提高城市空间韧性。三是提升机动车交通出行环境，加强道路交通管理。四是加强历史文化资源活化利用和文化设施建设。五是完善小区物业服务，优化街道停车管理。六是培养城市创新氛围，提升人才吸引力。

第五节　海口

一、主要成效

生态环境保持优良水平。空气质量恢复全国第一；城市内河湖水生态治理持续加强，美舍河、五源河因生态治理成效显著，列入国家考核的城市黑臭水体全部消除黑臭。社区民生服务保障能力加强。普惠性幼儿园基本实现全覆盖；"十四五"期间全市有望形成社区 15 分钟健身圈；养老服务设施数量有所增加；社区卫生服务设施数量和服务能力提高；全市快递网点实现乡镇全覆盖。老旧小区改造试点全面推进。2020 年扩大老旧小区改造范围，全年共完成 122 个老旧小区改造项目，年度老旧小区改造数量、面积是 2019 年的 10 倍以上。城市安全保持较高水平。城市交通事故万车死亡率呈逐年下降趋势，城市道路安全水平有所提升；城市内涝治理成效显著，海绵城市治理成效显著，满足建成区 20% 以上的面积达到海绵城市建设标准考核要求；应急避难场所建设成效显著。城市通勤情况较好，公共交通得到改善。在同规模城市中海口平均通勤时间最短，45 分钟内通勤人口比重最高；2020 年公共交通分担率和公交站点通勤覆盖比例均有明显提升；公交线网和城市路网均得到一定改善。城市文化建设成效明显。公共文化设施短板得到补齐，推动省公共文化设施规划建设提质升级；历史文化街区保护受重视，2020 年海口市历史文化街区保护修缮率为 100%。多元包容发展度提高，房价水平保持稳定。棚户区改造工作稳步推进，超额完成"十三五"规划目标；无障碍环境建设和管理水平持续提升；房价水平总体保持稳定，房租在全国省会城市中处于较低水平。

二、存在的主要问题

绿色开敞空间服务网络仍存在短板。老城区人均绿道长度、人均公园绿地面积仍相对较少，特别是部分高层、高密度居住小区周边公园绿地服务有待加强；城市新增建成区大多缺乏城市绿道和公园绿地覆盖。养老等社区服务设施短板依然明显。社区养老服务设施数量偏少，空间覆盖率不高；社区体育设施建设存在短板；老城区内社区普遍缺乏充电桩，具有较大安全隐患；社区便民商业服务设施有待提高；社区卫生服务中心（站）数量和服务能力有待提高。城市路网结构不合理，存在交通拥堵、停车位不足问题。内部结构不合理；高峰期城市道路拥堵问题严重，且近年有加剧趋势；停车位不足问题突出，尤其是老旧小区和城中村。海绵城市建设仍需加强，消防设施覆盖率低。城市可渗透地面面积比例低，海绵城市建设任务重；建成区内消防站覆盖率较低，空间分布不均；医疗废物处置能力存在不足。城市生活成本相对较高，住房保障有待加强。房价收入比在全国主要城市中仍处于较高水平，生活成本相对较高；现有保障性住房对"新市民"、青年人群体保障不足。城市创新能力不强，新冠肺炎疫情对经济负面影响还未完全恢复。海口全社会 R&D 支出占 GDP 比重为 1.6%，位于样本城市下游。万人上市公司数量为 0.1 个 / 万人，排名居中。高新技术产业数量相比于东部沿海城市较低。

三、意见建议

一是推动完整居住社区建设，补齐公共服务短板。二是创新引领，推动创新驱动发展。三是加强环境基础设施建设，推动城市低碳发展。

第六节　三亚

一、主要成效

一是生态环境质量整体较好，生活安全舒适，整洁有序。生态廊道达标率、全年城市空气优良天数占比为 100%，位于样本城市上游。水环境质量达到或优于Ⅲ类比例、再生水利用率、城市生活垃圾资源化利用率在样本城市中表现良好。区域开发强度为 3.4%，城市发展后备潜力较足；完整居住社区覆盖率位于中游，社区低碳能源设施覆盖率为 100%。城市可渗透地面面积比例、消防站覆盖率位于样本城市上游。城市门前责任区制定履约率、城市重要管网监测监控覆盖率、城市窨井盖完好率表现良好。二是民生需求和社会保障能力持续提高。普惠性幼儿园覆盖率连续四年快速增长；社区体育场地和便民服务设施持续提升；新增政策性住房持续增加，社会保障能力持续提高；老旧小区改造初见成效，人居环境有所改善。三是旅游吸引力持续增强，经济吸引力提高。三亚当年获得国际国内各类建筑奖、文化奖的项目数量位于样本城市前列，游客数量等仍保持较高的水准。在海南自贸港的政策优势下，万人新增中小微企业数量位居样本城市首位，城市信贷结构优化比例和政府负债率位居样本城市前列。四是通勤便捷，绿色出行比例较高。平均单程通勤时间、5 公里内通勤比例在全国均处于较高水平；道路通行能力较好，高峰期交通拥堵现象不明显；绿色交通出行比例连续三年稳定在 80% 以上。

二、存在的主要问题

宜居生活环境品质仍待提升。城市噪声环境未达标地段较多；城市生活污水集中收集、再生水利用等绿色生活方式有待提升；建成区绿道覆盖率仅 27.37%，人均绿道长度仅 0.03 米 / 人，远低于深圳的 0.14 米 / 人；公园绿地服务存在盲区。公共服务水平有待提高。公共服务设施质低、量缺、空间不足；大型公共文化、体育场馆缺乏，全市人均公共文化建筑面积远低于国家标准；旅居老年人口的养老设施未得到保障，社区日间照料中心覆盖率仅 7.69%。安全韧性的基础设施体系尚未健全。三亚仍有较多的内涝积水点，交通事故死亡率仍然较高，人均避难场所、二级以上医院的服务能力和覆盖水平、消防站覆盖仍有盲区。城市道路网体系不完善，断头路多。三亚道路网密度偏低，在样本城市中处于下游水平，远低于国家标准。专用自行车道路较少，停车有序性有待提升，步行空间连续性和舒适度不足。市容市貌有待进一步整治提升。老城区街道空间欠整治，车辆乱停乱放现象明显，慢行系统不连续，机动车与步行空间缺乏有效分割，缺少具有旅游城市特色的漫游体系；街道立杆、空中线路杂乱，具有安全隐患，有待升级改造。社会保障水平仍有待提升。单一住房供给制度未能区分本地居民和外地旅居需求；城镇人均住房建筑面积低于全国平均水平；房价收入比几乎与北京、上海等一线城市持平，城市居住成本高，居民对房价和房租满意度较低。城市创新动力不足，有待提升创新活力。尽管小微企业持续增长，但企业竞争力不足。全社会 R&D 支出占 GDP 比重为 1.6%，位于样本城市下游。万人上市公司与高新技术企业数量表现一般。

三、意见建议

一是大力补充公共服务短板，建设完整居住社区。二是提高城市韧性，加强安全基础设施建设。三是提高生态宜居水平，建设低碳城市。四是完善道路系统，鼓励绿色出行。五是利用自贸港优势，激活市场，提高城市吸引力。

第十一章

西南地区城市

重庆

张坤琨 摄影

唐安冰 摄影

重庆邦恩文化传播有限公司供图

李显彦 摄影

张坤琨 摄影

唐安冰 摄影

云南
昆明

昆明市规划设计研究院有限公司供图　易娜　摄影

昆明市规划设计研究院有限公司供图　简海云　摄影

昆明市规划设计研究院有限公司供图　简海云　摄影

云南 临沧

临沧市公安局李树荣 摄影

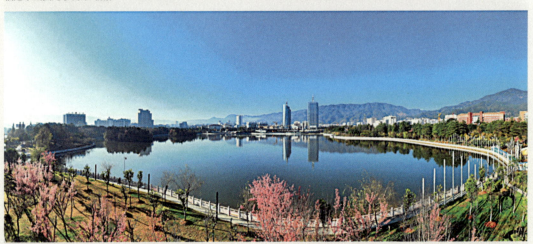

彭晓华 摄影

贵阳
贵州

贵阳市城市建设档案馆供图

该图片由贵阳市城市建设档案馆提供

贵阳市城市建设档案馆供图

贵州
安顺

安顺市住房和城乡建设局供图

安顺市住房和城乡建设局供图

安顺市住房和城乡建设局供图

四川
成都

成都市住房和城乡建设局供图

成都市住房和城乡建设局供图

成都市住房和城乡建设局供图

成都市住房和城乡建设局供图

成都市住房和城乡建设局供图

四川
遂宁

遂宁市城乡建设档案馆供图

遂宁市城乡建设档案馆供图

遂宁市城乡建设档案馆供图

第一节 重庆

一、主要成效

一是生态宜居水平总体良好。城市环境噪声达标地段覆盖率、地表水达到或好于Ⅲ类水体比例在样本城市中表现良好。新建建筑中绿色建筑占比、再生水利用率、城市生活垃圾资源化利用率在样本城市中均处于上游水平。二是城市旅游吸引力强，风貌特色突出。重庆"十四五"规划中积极推动文化和旅游深度融合发展，城市国内外游客量在样本城市中排名第五，旅游发展潜力大。三是城市住房和生活成本不高，城市包容性强，人民幸福指数较高。居民对城市外来人口的友好性、社会治安、弱势群体的关爱性、社区邻里关系满意度整体较上一年度体检结果有所提升，城市住房保障水平位居全国前列，公租房供给规模居于全国大城市首位。四是开放水平不断提升，内陆高地建设成效显著。西部国际综合交通枢纽建设不断加快，开放水平不断提高，内陆高低建设成效显著，不断发挥重庆在"一带一路"和长江经济带连接点作用，不断拓展国际运输通道能力和运输水平。

二、存在的主要问题

一是受山地条件制约，城市安全韧性有待提升。城市二级及以上医院覆盖率、城市标准消防站及小型普通消防站覆盖率均位居样本城市的下游。公园绿地和绿道服务覆盖半径、单位GDP 二氧化碳排放降低比例位居样本城市的中后游。2021 年新建住宅建筑高度超过 80 米的数量位居第一，城市新建住宅建筑密度超过 30% 的比例较高。二是交通便捷度有待提高。重庆城市常住人口平均单程通勤时间为 40.1 分钟，在样本城市中平均通勤花费时间仍然较长，仅次于广州。通勤距离小于 5 公里的人口比例、绿色交通出行分担率在样本城市中居于中后游。重庆长期以来存在过江穿山道路关键节点拥堵和潮汐交通等突出问题。三是城市创新活力与城市的规模和资源条件尚不匹配，人才吸引力较弱。重庆万人新增中小微企业数量、万人新增个体工商户数量、万人上市公司数量均在样本城市中排名靠后。此外，重庆高新技术企业平均每万人仅 0.73 个，较上一年度体检结果有明显下降，在样本城市中处于中下游水平。

三、意见建议

一是补齐城市安全韧性短板，加强绿色游憩空间建设。二是进一步加强轨道 TOD 建设，提升绿色交通出行效率和通勤品质。三是激发人才创新活力，鼓励企业科技投入。

第二节　昆明

一、主要成效

一是生态宜居水平持续向好。昆明的城市区域开发强度与人口密度处正常适宜范围。空气质量优越，位列样本城市第四名。城市生活污水集中收集率、再生水利用率以及城生活垃圾资源化利用率均位于样本城市上游，其中再生水利用率以 73.6% 位列样本城市第一名。二是城市环境整治效果显著。城市门前责任区制定履约率较高，城市街道立杆、空中线路规整性较好，均达到 95% 左右。市辖区建成区内实施专业化物业管理的住宅小区占比达 64.3%，处样本城市上游水平。三是社区配套情况明显改善。完整居住社区覆盖率为 56.6%，位列样本城市第四名。社区便民商业服务设施覆盖率、社区老年服务站覆盖率在样本城市中均达到上游水平。

二、存在的主要问题

一是生态宜居建设与管控方面仍有不足。昆明市绿道服务半径覆盖率仅为 20.6%，处于样本城市下游。地表水达到或好于Ⅲ类水体的比例仅为 42.2%，也位于样本城市下游。二是城市交通便捷度亟待提高。通勤距离小于 5 公里的人口比例为 27.6%，城市常住人口平均单程通勤时间约 35.9 分钟，给道路系统带来较大压力。昆明建成区道路网密度为 4.4 公里/平方公里，处于样本城市中游偏下水平。轨道站点周边覆盖通勤比例为 12.2%，也有一定提升空间。三是创新活力水平有待大幅度提升。企业科技投入有限，全社会 R&D 支出占 GDP 比重为 1.2%，处于样本城市下游。万人高新技术企业数量为 0.7 个/万人，万人新增个体工商户数量为 42 个/万人，在样本城市中也处下游水平。

三、意见建议

一是扬长补短，紧抓生态宜居城市建设。二是完善建设，推进绿色交通出行发展。三是全面提振，营造良好科技创新环境。

第三节 临沧

一、主要成效

一是城市生态环境质量较好，健康宜居。临沧市空气质量优良天数、城市水环境及水质保持较好。城市蓝绿空间建设良好，城市绿道服务半径覆盖率、建成区公园绿地服务半径覆盖率均处在上游水平。城市开发强度较低，城市环境噪声达标地段覆盖率达到较高标准。二是社区便民设施日益完善，服务均等化。完整社区覆盖率位居样本城市第一，社区便民服务设施覆盖率较高、布点完善，老年服务站、幼儿园等设施覆盖率较高，服务较为均等化。社区卫生服务中心门诊分担率高，市级医院布局合理。社区低碳能源设施覆盖率位于前列。

二、存在的主要问题

一是道路网络建设有待提升，停车位配比不足。临沧高峰期平均机动车速度较低，在样本城市中排名倒数第二，常住人口平均单程通勤时间较长。公共交通出行分担率较低，专用自行车道密度较低，居民较少选择公交车、自行车、步行等绿色出行方式。同时，中心城区内车位配比不足，停车难问题突出。二是城市空间失序度高，风貌混乱。临沧城市街道立杆、空中线路规整性差，城市沿街立面整体失序度高，空间品质有待提高。三是产业结构较为单一，创新能力不足。临沧主要支柱产业仍以种植业为主，产业结构较为单一，全社会 R&D 支出占 GDP 比重较低，缺乏科研投入，创新活力不足，因此缺少高新技术企业进驻，难以吸引人才。

三、意见建议

一是在保障生态系统平衡的基础上拓展城市空间。二是优化城市内外交通体系，提升公共交通设施。三是推动城市街道立面改造，塑造城市特色风貌。四是推动创新驱动发展，不断提升城市活力。

第四节 贵阳

一、主要成效

一是城市的空气及水环境质量较优，污水资源化利用和公园绿地建设成果显著。生态宜居方面,贵阳市全年城市空气优良天数比率为 99.2%,位于样本城市上游。在 83 个水体断面中,贵阳水环境质量达到或优于Ⅲ类水体比例为 60.2%,表现较好。对于污水资源化的利用,贵阳的再生水利用率为 38.7%,高于平均值。在绿地建设上,贵阳市建成区公园绿地服务半径覆盖率为 84%,在样本城市中覆盖率较高。二是城市应对自然灾害的韧性较好。贵阳市人均避难场所面积为 4.5 平方米/人,表现良好。城市可渗透地面面积比例为 37.4%,位于样本城市上游。三是城市内的企业发展较有活力,具有一定的创新能力。在创新活力方面,贵阳市的万人新增中微小企业数量指标排名靠前,达到 48.3 个/万人。就高新技术企业而言,贵阳平均每万人有 0.9 个高新技术企业,在样本城市中表现较好。

二、存在的主要问题

一是社区配套有所欠缺,新建住宅密度较高。贵阳的完整社区覆盖率为 33.4%,低于全国标准。社区老年服务站覆盖率为 31.2%,位于样本城市下游。普惠性幼儿园覆盖率为 43.9%,远低于全国达标水平。社区卫生服务中心门诊分担率仅为 8%,人均社区体育场地面积为 0.1 平方米/人,在样本城市中处于较低水平。建成区范围内实施专业物业管理的住宅小区占比仅为 35.5%,位于样本城市下游。在新建住宅方面,新建住宅建筑密度超过 30% 的比例为 77.6%。二是交通情况欠佳,在路网密度、道路通畅性方面都存在问题。贵阳建成区道路网密度为 3.8 公里/平方公里,专用自行车道密度仅为 0.6 公里/平方公里,均处于样本城市的下游。建成区高峰期平均机动车速度仅为 20.9 公里/小时。城市常住人口平均单程通勤时间为 36 分钟,城市居民通勤距离小于 5 公里的人口比例为 27.6%,表现一般。三是风貌特色不突出,城市文化设施不足。贵阳市获得的国际国内各类建筑奖、文化奖的项目数量为 0,万人城市文化建筑面积在样本城市中居于下游。无挂牌历史文化街区,挂牌历史建筑仅 28 栋,有一起城市历史风貌破坏的负面事件。四是人才吸引力不足,住房保障水平欠缺。贵阳市城市小学生入学增长率达到 21.8%,排名居中。贵阳的城市人口年龄中位数为 34 岁,位于样本城市下游。在住房保障方面,贵阳常住人口住房保障服务覆盖率为 31.6%,在样本城市中位于中游。

三、意见建议

一是完善社区配套设施和社区服务,提升居民生活幸福感。二是加密路网,鼓励绿色出行,坚持 TOD 引领发展。三是强化城市风貌和文化氛围,结合生态发展提升文旅产业。四是加大城市公共服务和保障体系的建设,培育创新产业,提升城市竞争力。

第五节 安顺

一、主要成效

一是城市的生态自然环境较好，生态廊道与绿地公园建设有较好成效。安顺市在空气质量和水环境质量方面均表现较好。生态廊道的达标率在样本城市中位于中游，城市公园绿地服务半径覆盖率较好，达到 61.4%。城市生活垃圾资源化利用率为 97.6%，在样本城市中表现良好。二是城市舒适宜居性高，生活相对便利。安顺市完整居住社区覆盖率为 50.0%，高于全国城市平均水平。社区便民商业服务设施和普惠性幼儿园的配置较好，其覆盖率均位于样本城市的上游。社区物业管理覆盖率高，常住人口住房保障服务覆盖率为 33.7%，在样本城市中位居前列。三是城市的短距离通勤和专用自行车道路建设较好。作为小城市，道路网密度较高，约 1/3 的城市居民通勤距离小于 5 公里。专用自行车道的建设对绿色出行具有良好的支撑度。

二、存在的主要问题

一是城市新建住宅建设强度大。相对于中小城市而言，安顺市高层住宅数量过多，新建住宅建筑密度高。2020 年新建住宅建筑高度超过 80 米的有 21 栋，新建住宅建筑密度超过 30% 的比例为 57.2%。二是城市在高品质的运营管理方面仍有较大的提升空间。在街道立杆、空中线路的规整性和车辆停放有序性等方面需要进一步改善。人均社区体育场地面积、人均避难场所面积相对较小。城市重要管网监测监控覆盖率为 20%，在样本城市中排名靠后；城市道路交通事故万车死亡率较高，标准消防站及小型普通消防站覆盖率欠佳。三是城市创新发展尚待时日。安顺市社区低碳能源设施覆盖率为 18.3%，在样本城市中排名相对靠后。万人新增中小微企业数量、万人高新技术企业数量、万人上市公司数量等排名均不甚理想。

三、意见建议

一是进一步提升安顺作为中小城市的宜居舒适性。二是控制城市开发建设强度，加强城市运营管理能力。三是转变城市发展思路，因地制宜提升城市竞争力。

第六节　成都

一、主要成效

一是民生福祉不断增进，高品质生活宜居地逐步形成。成都市以高品质生活宜居地为目标，把保障和改善民生作为一切工作的出发点和落脚点，聚焦百姓身边事，按照国家标准和城市发展目标，对标上海等城市先进经验，积极推进各类基本公共服务设施建设。二是以绿道建设和新区建设为契机，引领公园城市示范落地。全域增绿工程稳步推进，公园绿道体系初步形成。成都锚定"建设践行新发展理念的公园城市示范区"战略目标，坚持绿色发展的价值取向，站在人、城、境、业高度和谐统一的高度，谋划城市生态建设，全力打造"雪山下的公园城市"独特品牌，建设成效显著。三是以城市更新为抓手，促进城市能级与生活品质提升。成都市以城市更新作为推动城市高质量发展、优化存量、提升城市竞争力和宜居度的重要手段，按照"功能优先、产业优先、生态优先"理念，以"留改建"方式系统实施城市有机更新，持续推进"规划建设治理营运一体化"，实现了功能、产业、业态和环境品质综合提升，并取得丰硕成果。四是交通区位极大提升，城市交通持续改善。门户枢纽地位不断增强，绿色出行环境不断改善，TOD提升城市通勤效率，有效缓解职住分离。

二、存在的主要问题

一是高密度单中心圈层式结构，仍是制约城市健康发展的短板。中心城区粘连发展，组团生态隔离廊道缺失。成都市绕城路以内城市粘连发展，组团边界不清晰，结构性生态隔离廊道缺失，导致城市内部大型绿地少、热岛效应突出、大气环境改善难等问题。中心城区人口密度高，中心城区除金牛区略低外，其他区域人口密度均超过1.5万人/平方公里。二是绿色转型处于攻坚阶段，低碳生产、生活仍待推进。地理环境制约大气质量改善，污染源头治理是重点。成都地处盆地底部，整个盆地内静风频率高，不利于空气的流通，环境扩散能力弱，夏季VOC、冬季雾霾天气状况频次出现集中且较为密集，优良空气天数对标国内其他超大城市及副省级城市较低，大气环境改善不明显。三是城市舒适韧性还需提升。城市消防救援基础设施建设不足与消防力量短缺的问题较为突出，标准消防站覆盖率（46.76%）较低，部分区域灭火救援响应时间和作战半径过长，亟待改善；城市建成区尚存处内涝风险点，部分排水管网存在建设时间早、能力不足、破损严重、病害突出等问题，加上海绵城市系统不完善、部分河道行洪不畅等问题，城市防涝排洪需要整体统筹、系统解决。城市预防和处置突发事件的能力还需提升。

三、意见建议

一是推动中心城区瘦身健体，优化城市空间开发格局。二是推动城乡建设绿色发展，加快重点领域节能减排降碳步伐。三是健全城市安全应急体系，提升城市舒适韧性，完善城市防洪排涝设施体系，增强城市防洪排涝能力。

第七节 遂宁

一、主要成效

一是生态环境质量持续向好，和谐秀美、绿色宜居现代城市成效显著。遂宁市厚植绿色发展底色，构筑城市生态屏障，初步奠定筑"三城"、兴"三都"大美格局。二是城市通勤时间较短，绿色出行环境品质较高。遂宁通勤距离小于5公里的人口比例、绿色交通出行分担率均位于样本城市的前五名。城市常住人口平均单程通勤时间为30.97分钟。三是住房保障情况良好，城市包容宜居。遂宁市住房支出超过家庭收入50%的城市家庭占比、常住人口住房保障服务覆盖率，以及城市新增商品住宅与新增人口住房需求比在样本城市中均处于上游水平，民生改善工作稳步推进，道路无障碍设施设置率排名前列。

二、存在的主要问题

一是社区服务仍有较大的提升空间。遂宁市市辖区建成区内社区便民商业服务设施覆盖率排名靠后，社区老年服务站覆盖率、普惠性幼儿园覆盖率、完整居住社区覆盖率等指标均偏低。与同等级规模城市对比，遂宁老旧小区改造达标率、社区卫生服务中心门诊分担率居末位。二是社区卫生服务中心门诊分担率有待提升，社区医疗卫生建设力度有待加强。2020年，遂宁市积极响应国家、省级疫情防控指挥部要求，主动配合关闭部分社区卫生服务中心，有效阻断疫情传播，但导致社区卫生服务中心门诊分担率相比2019年有所降低，加之老城区、经开区南强片区部分社区卫生服务中心建筑面积较小、内环境较差，部分医疗设施缺乏、医疗设备配置水平不高，医护人员配置不足等原因，导致社区居民对社区服务中心信任度不高，社区卫生服务设施吸引力不足，"小病在社区，大病到医院，康复回社区"的医疗卫生服务格局尚未形成。三是消防站点责任区保护面积过大，消防救援空间可达性有待加强。遂宁现状消防救援站点承担抗灾救援任务的火灾扑救范围较大，未实现市辖区建成区内建设用地消防救援全覆盖，城市消防站点布局均衡性有待提高，消防站点建设力度有待加强。四是创新驱动发展动能不足。遂宁市万人高新技术企业数量、全社会R&D支出占GDP比重相比全国水平仍有一定差距。在样本城市中，遂宁市万人新增中小微企业数量、万人高新技术企业数量、城市小学生入学增长率均排名靠后，市内万人上市公司仅有 6 家。

三、意见建议

一是补齐社区服务设施短板，提高城市生活和空间品质。二是推动基层医疗服务设施提质增效，切实提升基层医疗卫生服务水平。三是完善消防设施建设，筑牢消防安全防护网。四是结合资源特色和定位加强高新技术产业发展。

第八节　拉萨

一、主要成效

一是城市生态本底优势明显，绿地覆盖率高。拉萨全年城市空气优良天数比率为 100%，位于 59 个样本城市首位。建成区公园绿地服务半径覆盖率为 75.1%，在样本城市中覆盖率较高。二是城市开发强度适宜，交通状况良好。拉萨区域开发强度为 3.1%，人口密度超过 1.5 万人 / 平方公里的城市建设用地规模仅为 2 平方公里，开发强度在 59 个样本城市中较低。建成区高峰期平均机动车速度为 22.8 公里 / 小时，在 59 个样本城市中处于上游水平；城市居民通勤距离小于 5 公里的人口比例为 39.3%，在 59 个样本城市中位于上游水平。三是城市安全设施体系较完善。拉萨城市可渗透地面面积比例为 40.5%，位于 59 个样本城市上游；城市标准消防站及小型普通消防站覆盖率为 59.2%，在样本城市中的中小型城市处于上游。四是城市文化资源丰富，遗产保护意识强。当前城市挂牌历史文化街区 1 片，保护修缮率达到 100%，在 59 个样本城市中状况较好，城市遗产保护情况良好。

二、存在的主要问题

一是公共交通体系建设不完全，公共交通工具有效接驳问题尚未解决，乘坐公共交通工具出行极为不便。二是城市整洁有序性较差，主要表现为窨井盖管理存在公共安全隐患、城市道路照明存在问题、街道牌匾标识设置不合理、停水停电应急处理措施不完善、盲道占用问题突出。三是居住区基础设施不健全，社区活动组织较少、邻里关系不佳，城市健康舒适性有待提升。四是拉萨经济技术开发区居民满意度较低。

三、意见建议

一是加强城市完整居住社区建设，推进社区有序改造。二是完善城市交通建设，发展绿色交通。三是关注低碳城市建设，加快绿色建筑发展。四是提高城市创新活力，创新产业结构升级。

第十二章

西北地区城市

陕西
西安

西安市住房和城乡建设局供图

西安市住房和城乡建设局供图

西安市住房和城乡建设局供图

李占元 摄影

李占元 摄影

陕西
延安

王澎 摄影

王澎 摄影

甘肃 兰州

兰州建设投资（控股）集团有限公司供图

兰州建设投资（控股）集团有限公司供图

兰州黄河生态旅游开发集团有限公司供图

兰州黄河生态旅游开发集团有限公司供图

甘肃
白银

白银市住房和城乡建设局供图

白银市住房和城乡建设局供图

白银市住房和城乡建设局供图

宁夏
吴忠

吴忠市住房和城乡建设局供图

吴忠市住房和城乡建设局供图

青海
西宁

黎晓刚 摄影

黎晓刚 摄影

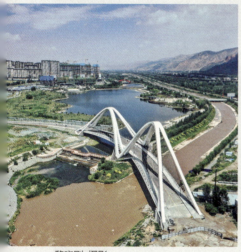
黎晓刚 摄影

黎晓刚 摄影

克拉玛依
新疆

闵勇 摄影

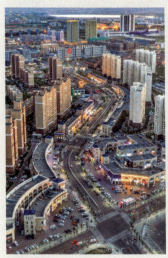
闵勇 摄影

闵勇 摄影

第一节 西安

一、主要成效

一是城市绿色基础设施建设较好,践行低碳生活理念。西安市建成区公园绿地服务半径覆盖率为79.5%,在样本城市中覆盖率排名处于上游。城市生活垃圾资源化利用率为83.8%,城市生活污水集中收集率为90.8%,社区低碳能源设施覆盖率为80.2%,在59个样本城市中均处于上游。二是城市社区便民服务设施建设较好,生活较为便捷。西安市社区便民商业服务设施覆盖率为83.8%,位于样本城市前十位。社区老年服务站覆盖率为58.0%,在样本城市中处于上游。三是城市历史文脉保护较好,城市历史文化名城特色突出。西安市获得年度国际国内各类建筑奖、文化奖的项目数量为34个,处于样本城市上游。西安市五一、十一节假日国内外游客量为491.8万人,在59个样本城市位列前十名。四是城市创新能力较好,产业活力充足。西安市年度全社会实际用于基础研究、应用研究和试验发展的经费支出占国内生产总值的比例为4.6%,在样本城市中仅次于北京。万人高新技术企业数为1.9个,在样本城市处于上游位置。

二、存在的主要问题

一是城市韧性建设不足,城市安全存在短板。西安的城市可渗透地面面积比例为23.6%,位于59个样本城市下游。高于1.5万人/平方公里的城市建设用地规模为238平方公里,在样本城市中相对偏高。二是城市环境质量存在不足,生态环境建设仍需加强。西安2020年城市空气优良天数比率为68.3%,位于59个样本城市下游。新建建筑中绿色建筑占比为54%,位于样本城市下游。三是城市居民通勤时间较长,城市交通系统建设、绿色建设不足。西安城市常住人口平均单程通勤时间达到了39.4分钟,位于样本城市中的特大城市前列。建成区道路网密度为4.0公里/平方公里,高峰期平均机动车速度为18.8公里/小时,专用自行车道密度为0.5公里/平方公里,均处于59个样本城市下游。四是城市市容市貌环境待提升,城市环境治理能力仍需增强。西安城市门前责任区制定履约率为50%,城市街道立杆、空中线路规整性为68.2%,城市街道车辆停放有序性为23.0%,均处于59个样本城市下游。

三、意见建议

一是完善城市韧性基础设施建设,推进城市安全可持续发展;二是持续提升城市环境质量,坚持生态环境治理工作;三是完善城市交通系统建设,疏通城市发展"血脉";四是加强城市市容市貌管理工作,提升城市管理精细化水平。

第二节 延安

一、主要成效

一是城市生态环境持续改善，环境质量持续提升。延安市全年空气质量优良天数为341天，空气优良天数比率为93.2%，水环境质量达到或好于Ⅲ类水体比例为77.6%，均位于59个样本城市上游。二是城市交通基础设施持续完善，交通系统整体改善。交通出行条件改善明显，建成区高峰期机动车平均速度由2016年的36.6公里/小时提高到37.5公里/小时；城市职住关系较为合理，通勤距离小于5公里的人口比例大于70%，绿色出行比重保持在75%以上。三是城市文化资源丰富，具有独特文化底蕴。延安市万人城市文化建筑面积为40501平方米，在59个样本城市中处于上游。四是城市多元包容，基本居住得到保障。道路无障碍设施设置率达86.54%，其中延安新区实现了100%；居住在棚户区和城中村的人口数量2020年基本清零，居民最低生活保障标准逐年提高。常住人口住房保障服务覆盖率为32.5%，在59个样本城市处于上游。

二、存在的主要问题

一是城市完整社区建设存在短板，便民设施覆盖率低。延安社区老年服务站覆盖率为40.0%，社区卫生服务中心门诊分担率为7.8%，建成区老旧小区改造达标率为12.8%，均在59个样本城市中处于下游。二是城市新建高层住宅数量大，公园绿地覆盖率低。延安市建成区新建住宅建筑高度超过80米的有155栋，位居样本城市的中小型城市上游。建成区公园绿地服务半径覆盖率为46.7%，在59个样本城市中处于下游位置。三是城市管理存在不足，缺乏精细化设计和管理。延安城市环境噪声达标地段覆盖率为40%，城市道路无障碍设施设置率为52.8%，均位于59个样本城市下游。四是城市文化资源转化效率低，文化产业发展缓慢。延安市五一、十一节假日国内外游客量为52.5万人，位于59个样本城市下游。五是城市创新活力存在短板，高新技术产业发展较慢。延安年度全社会实际用于基础研究、应用研究和试验发展的经费支出占国内生产总值的比例为0.5%，位于59个样本城市下游。万人上市公司数量为0，在59个样本城市中处于下游。

三、意见建议

一是加强城市完整社区建设，推进城镇老旧小区改造。二是加强高层建筑规划建设，提升建成环境品质。三是启动城市精细化管理行动，提升城市综合管理水平。四是注重提高文化资源转化效率，推进文化服务体系建设。五是提高城市创新活力，推动产业结构升级。

第三节 兰州

一、主要成效

生态宜居方面总体表现较好。新建建筑中绿色建筑占比、单位 GDP 二氧化碳排放降低、绿道服务半径覆盖率、公园绿地服务半径覆盖率等指标表现良好，达到或超过相关标准要求，在样本城市中处于上游。风貌特色方面总体表现较好。获得国际国内各类建筑奖、文化奖的项目数量为 30 个，处于样本城市中上游。没有破坏历史风貌的负面事件，历史建筑空置率为 0。健康舒适方面，完整社区覆盖率、社区便民商业服务设施覆盖率、社区门诊分担率较高，处于样本城市上游。安全韧性方面，城市二级及以上医院覆盖率为 91.5%，位于样本城市上游；城市内涝积水点密度为 0。交通便捷方面，常住人口平均单程通勤时间、轨道站点周边覆盖通勤比例、公共交通出行分担率均处于样本城市上游。整洁有序方面，城市窨井盖完好率为 98%，在样本城市中表现较好；建成区范围内实施专业物业管理的住宅小区占比为 61.6%，位于样本城市上游。创新活力方面，兰州的城市人口年龄中位数、新增商品住宅与新增人口住房需求比两项指标表现较好。

二、存在的主要问题

健康舒适是兰州市的明显短板。社区老年服务站、普惠性幼儿园、社区低碳能源设施覆盖率、老旧小区改造达标率均未达标，且处于样本城市中下游。同时，兰州市人口超过 1.5 万人 / 平方公里的建设用地规模达到了 79 平方公里，中心城区人口密度大。安全韧性是兰州市的主要短板。可渗透地面面积比例、城市道路交通事故万车死亡率、人均避难场所面积、城市消防站覆盖率均未达标。交通拥堵是兰州市的主要短板。建成区高峰时间平均机动车速度、建成区道路网密度、城市居民通勤距离小于 5 公里的人口比例、专用自行车道密度均未达标，其中高峰期平均机动车速度、道路网密度处于样本城市下游。多元包容是兰州的短板。道路无障碍设施设置率、城市居民最低生活保障标准占上年度城市居民人均消费支出比例两项指标处于样本城市下游。兰州市住房支出超过家庭收入 50% 的城市家庭占比为 12.0%，居住在棚户区和城中村的人口数量占比为 12.8%，常住人口住房保障服务覆盖率为 30.9%。创新活力是兰州的短板。全社会 R&D 支出占 GDP 比重、万人新增中小微企业数量、万人新增个体工商户数量、万人高新技术企业数量、万人上市公司数量 5 个指标表现一般，处于样本城市中下游。

三、意见建议

一是充分利用城市体检结果，优化完善城市空间结构与功能。二是提高城市更新的科学性与整体性，增强绿色低碳发展能力。三是系统性推动城市综合防灾体系建设，提高城市安全韧性。四是加快交通基础设施建设，减缓城市交通拥堵问题。五是加强人才建设力度，提振城市产业活力。

第四节　白银

一、主要成效

白银低碳发展表现较好。新建建筑中绿色建筑占比、建成区的绿道服务半径覆盖率、单位 GDP 二氧化碳排放降低、生活垃圾资源化利用率、全年空气质量优良天数比率处于样本城市前列。安全韧性方面表现较好。城市内涝积水点密度、城市道路交通事故万车死亡率、安全事故死亡率、城市可渗透地面面积比例、人均避难场所面积、城市二级及以上医院覆盖率均达标。交通较为通畅。建成区高峰期平均机动车速度、常住人口平均单程通勤时间、公共交通出行分担率均达到标准，并处于样本城市前列。多元包容性好。道路无障碍设施设置率、居民最低生活保障标准占上年度城市居民人均消费支出比例、常住人口住房保障服务覆盖率均达标，并处于样本城市中上游。

二、存在的主要问题

一是生态宜居整体表现一般。白银市建成区公园绿地服务半径覆盖率、城市环境噪声达标地段覆盖率、水环境质量达到或好于Ⅲ类水体比例、城市生活污水集中收集率、再生水利用率均未达标。二是社区配套设施不足。社区老年服务站覆盖率、普惠性幼儿园覆盖率、社区卫生服务中心门诊分担率、人均社区体育场地面积、建成区老旧小区改造达标率均未达标。有 11.2% 的新建住宅小区建筑密度超过 30%。三是城市历史风貌特色保护利用不充分，城市吸引力亟待加强。万人城市文化建筑面积、城市历史文化街区保护修缮率、历史建筑空置率、当年获得国际国内各类建筑奖、文化奖的项目数量均未达标，处于样本城市下游。当前城市挂牌历史文化街区为 0，挂牌历史建筑 3 栋，数量偏少。白银市五一、十一节假日国内外游客量为 16.9 万人，处于样本城市下游。四是整洁有序表现一般。城市街道立杆、空中线路规整性、街道车辆停放有序性、城市重要管网监测监控覆盖率未达标。五是研发投入偏低，创新活力不足。全社会 R&D 支出占 GDP 比重未达标，万人新增中小微企业数量、万人新增个体工商户数量、万人上市公司数量均处于样本城市下游。

三、意见建议

一是充分利用城市体检抓手,做好城市更新工作。二是做好数字化转型顶层设计,加大研发投入。三是充分挖掘历史文化价值,塑造城市历史风貌特色。

第五节　银川

一、主要成效

一是生态环境质量整体较好,个别指标偏低,没有明显短板。银川建成区公园绿地服务半径覆盖率、城市环境噪声达标地段覆盖率、水环境质量达到或好于Ⅲ类水体比例、再生水利用率、生活垃圾资源化利用率均处于样本城市上游。银川市 7 个组团只有一个组团超过 50 平方公里。二是完整居住社区建设成果显著,社区配套较 2020 年有明显提升。完整居住社区覆盖率、社区便民商业服务设施覆盖率、社区卫生服务中心门诊分担率、社区低碳能源设施覆盖率均达标,新建住宅小区建筑密度超过 30% 的比例为 0。三是城市安全韧性较好,应急基础设施持续完善。银川城市内涝积水点密度、城市道路交通事故万车死亡率、年安全事故死亡率、人均避难场所面积、二级及以上医院覆盖率均达标,且处于样本城市中上游。四是城市交通较为便捷,公共交通出行分担率较高。建成区高峰期平均机动车速度、常住人口平均单程通勤时间、公共交通出行分担率指标较好。五是整洁有序较好,各项设施较为完备。城市门前责任区制定履约率、城市街道立杆、空中线路规整性、城市窨井盖完好率、实施专业物业管理的住宅小区占比表现较好,处于样本城市上游。

二、存在的主要问题

一是城市文化设施不足,历史风貌亟待提升。当年获得国际国内各类建筑奖、文化奖的项目数量、万人城市文化建筑面积、城市挂牌历史文化街区、历史建筑空置率表现一般。二是城市多元包容性不足,住房保障水平不高。道路无障碍设施设置率、城市居民最低生活保障标准占上年度城市居民人均消费支出比例不达标,住房支出超过家庭收入 50% 的城市家庭占比为 14.9%。居住在棚户区和城中村的人口数量占比为 2.1%。三是市场主体数量不足,高新技术发展是短板。万人新增中小微企业数量、万人新增个体工商户数量、万人拥有高新技术企业数量、万人上市公司数量指标均未达标。全社会 R&D 支出占 GDP 比重为 2.5%,刚刚达标。

三、意见建议

一是进一步完善社区配套设施，持续推进完整居住社区建设。二是挖掘城市历史文化价值，增强城市风貌特色。三是推进新型城市基础设施建设，促进城市精细化管理。四是以高新技术补齐城市创新活力短板，助力产业升级转型。

第六节　吴忠

一、主要成效

一是生态环境良好，绿色低碳宜居。新建建筑中绿色建筑占比、建成区的绿道服务半径覆盖率、公园绿地服务半径覆盖率、空气质量优良天数比率等指标均达标，并处于样本城市中上游。没有面积超过 50 平方公里的城市组团，2020 年新建住宅建筑高度超过 80 米的数量为 0。二是交通较为便捷，幸福通勤比例位居样本城市前列。建成区高峰期平均机动车速度、常住人口平均单程通勤时间、公共交通出行分担率均达标。三是整洁有序性较好，住宅小区实施专业物业管理占比高。城市门前责任区制定履约率、城市街道立杆、空中线路规整性、城市窨井盖完好率、建成区范围内实施专业物业管理的住宅小区占比均达标，并处于样本城市上游。四是多元包容性好，常住人口住房保障服务覆盖率高。城市居民最低生活保障标准占上年度城市居民人均消费支出比例、常住人口住房保障服务覆盖率均达标并位居样本城市上游。居住在棚户区和城中村的人口数量占比为 0.7%，在样本城市处于较低水平。

二、存在的主要问题

一是完整居住社区覆盖率偏低，社区配套设施不足。吴忠市完整居住社区覆盖率、普惠性幼儿园覆盖率、社区卫生服务中心门诊分担率、人均社区体育场地面积、建成区老旧小区改造达标率均未达标。二是安全韧性表现一般。吴忠市城市内涝积水点密度、道路交通事故万车死亡率、城市二级及以上医院覆盖率、城市标准消防站及小型普通消防站覆盖率均未达标。人均避难场所面积在样本城市处于中下游。三是城市历史风貌特色亟需加强，增加城市吸引力。吴忠市当年获得国际国内各类建筑奖、文化奖的项目数量为 0，城市挂牌历史文化街区为 0，挂牌历史建筑 13 栋，数量少。五一、十一节假日国内外游客量为 24.4 万人，位于样本城市下游。四是创新活力不足，小学生入学增长率为负。全社会 R&D 支出占 GDP 比重不达标，万人新增中小微企业数量、万人新增个体工商户数量、万人拥有高新技术企业数量、万人上市公司数量均位于样本城市中下游。以 2015 年为基准，城市小学生入学增长率为 -0.6%。

三、意见建议

一是用好城市体检抓手，高质量推进城市更新。二是挖掘城市历史文化，加强文化遗产的保护利用。三是加大研发投入，扶持中小企业发展。四是推进城市数字化转型，增强城市安全韧性。

第七节 西宁

一、主要成效

一是城市生态本底优势明显，生态环境质量总体优良。西宁市空气优良天数达到338天，在59个样本城市中处于上游水平；单位GDP二氧化碳排放降幅为5.7%，城市绿道服务半径覆盖率达到90.6%。二是城市安全韧性提升，应对风险能力上升。西宁市城市可渗透地面面积比例为42.3%，位于59个样本城市上游；人均避难场所面积为3.1平方米/人，表现较好。三是城市完整社区建设持续完善，居民生活较为便利。西宁市完整居住社区覆盖率为43.9%，在59个样本城市中处于上游；城市社区便民商业服务设施覆盖率达到85.5%，位于59个样本城市上游。四是城市交通系统整体提升，绿色交通得到推广。西宁市建成区高峰期平均机动车速度为22.4公里/小时，公共交通机动化出行分担率为83.1%，在样本城市中位于上游水平。

二、存在的主要问题

一是低碳城市建设存在短板，有待提升改造。西宁市新建建筑中绿色建筑占比达到58.7%，社区低碳能源设施覆盖率为25.4%，均位居59个样本城市下游水平。二是城市建设管理存在不足，系统性欠缺。西宁市城市重要管网监测监控覆盖率为9.3%，在59个样本城市处于下游位置。三是城市文化软实力建设不足，文化产业发展缓慢。西宁市城市文化建筑面积为515.6平方米/万人，五一、十一节假日国内外游客量为101.2万人，均位居59个样本城市下游。四是城市市场经济主体动力不足，创新产业发展缓慢。西宁市年度全社会实际用于基础研究、应用研究和试验发展的经费支出占国内生产总值的比例为1.9%，万人上市公司数量为0。万人新增个体工商户数量、万人新增中小微企业数量、万人高新技术企业数量均在样本城市的大型城市中表现靠后。

三、意见建议

一是注重低碳城市建设，推动城市发展转型。二是启动城市精细化管理行动，提升城市综合管理水平。三是注重城市历史文化价值挖掘，推进文化服务体系建设。四是提高城市经济主体活力，推动产业结构升级。

第八节　乌鲁木齐

一、主要成效

一是城市开发强度较低，城市各类生态要素保护较好。乌鲁木齐建成区人口密度仅为 0.7 万人／平方公里，在 59 个城市中处于较低水平。城市开发强度较低。城市生态廊道达标率、新建建筑中绿色建筑占比、公园绿地服务半径覆盖率等指标均在 59 个样本城市前列。二是交通便利性较好，综合交通枢纽型、功能性、网络化的架构日趋完善。乌鲁木齐市建成区高峰期平均机动车速度为 23.8 公里／小时。城市道路网密度在样本城市中表现适中。三是城市综合管理能力和精细化治理不断提升。城市街道车辆停放整齐有序，城市窨井盖完整性高，实施专业化物业管理的住宅小区比重大，重要管网监测监控覆盖率和老旧小区改造达标率持续向好。四是积极转变城市建设理念，持续推进海绵城市建设。城市可渗透地面面积比例在样本城市中位居前列，城市内涝积水点密度较低。地表水达到或好于Ⅲ类水体比例、生活污水集中收集率、再生水利用率均位于样本城市前列。

二、存在的主要问题

一是完整居住社区覆盖率较低，社区配套设施亟需完善。乌鲁木齐市完整居住社区覆盖率、社区便民商业服务设施覆盖率、社区卫生服务中心覆盖率及社区低碳能源设施覆盖率等指标偏低。二是公共服务设施不完备，城市应急防控能力及对弱势群体包容性不足。乌鲁木齐城市二级及以上医院覆盖率较低，城市标准消防站及小型普通消防站覆盖率为 35.1%，在样本城市中表现一般。乌鲁木齐市道路无障碍设施设置率指标和城市居民最低生活保障标准占上年度城市居民人均消费支出比例指标得分在 59 个样本城市中位居下游。三是城市生活绿色低碳建成环境和绿色出行环境尚待提升。乌鲁木齐单位 GDP 二氧化碳排放降低指标在 59 个样本城市中排名靠后。城市生活垃圾资源化利用率有待进一步加强。公共交通机动化出行分担率较低，绿色交通出行分担率及专用自行车道密度均有待提升。四是历史文化保护体系亟需完善。乌鲁木齐城市现有挂牌历史文化街区为 0，挂牌历史建筑 23 栋，历史街区占地比例偏低，历史建筑密度偏低。五是城市创新活力亟需增强。全社会 R&D 支出占 GDP 比重为 1.68%，万人新增中小微企业数量、万人高新技术企业数量、万人上市公司数量、万人高新技术企业数量在样本城市中相对偏低。

三、意见建议

一是结合城市更新行动，积极推动完整居住社区建设。二是完善城区路网，发展轨道交通及慢行交通。三是补齐公共设施短板，提升城市服务水平。四是加强历史文化保护，打造丝绸之路经济带旅游集散中心。五是积极培育新兴产业，打造丝绸之路经济带核心区"双创示范"城市。

第九节 克拉玛依

一、主要成效

一是城市生态环境建设质量较高。克拉玛依城市区域开发强度较低，单位 GDP 二氧化碳排放量低，生态廊道达标率、水环境质量位于 59 个样本城市前列。二是城市友善，安全性和包容性较好。克拉玛依市无障碍设施建设较好，常住人口住房保障率高。城市可渗透地面面积、年安全事故死亡率、人均避难场所面积、城市标准消防站及小型普通消防站覆盖率等指标在样本城市中均表现较好。三是市区环境整洁有序。社区物业、门前责任区、城市街道立杆及空中线路、城市街道车辆停放、城市窨井盖管理等城市市政基础设施各项指标均较好。四是城市发展布局较合理，职住基本平衡。克拉玛依城市组团规模较合理，建成区高峰期平均机动车速度较高，常住人口平均单程通勤时间和城市居民通勤距离小于 5 公里的人口比例较为适中。

二、存在的主要问题

一是完整居住社区覆盖率有待提升，公共服务体系有待完善。克拉玛依市完整居住社区覆盖率、社区便民商业服务设施覆盖率、社区老年服务站覆盖率及社区低碳能源设施覆盖率偏低。另外，普惠性幼儿园覆盖率、社区卫生服务中心门诊分担率、城市二级及以上医院覆盖率等指标较低。二是城市风貌特色有待加强。克拉玛依市万人城市文化建筑面积较小，对国内外游客吸引力需提升，对风貌街区和建筑的保护不足，城市文化风貌与人文底蕴不突出。三是城市生活低碳建成环境和居民绿色出行环境尚待提升。再生水利用率及城市生活垃圾资源化利用率有待提升。公园绿地服务半径覆盖率为 51.3%，与 90% 的宜居标准仍有不少差距。社区低碳能源设施覆盖率低。绿色出行比例有待提升。城市道路网密度较低，公共交通出行分担率较低。四是城市创新活力有待提高。万人中小微企业数量较低，全社会 R&D 支出占 GDP 比重在样本城市中位于下游。此外，克拉玛依市最低生活保障标准偏低，难以吸引和留住更多的高素质人才。

三、意见建议

一是完善社区基础设施短板，积极推动完整城市公共服务系统建设。二是加强城市文化挖掘，提升西部重要枢纽作用。三是完善城区路网，发展轨道交通及慢行交通。四是发挥自然环境优势，持续推动高新科技产业发展。

附录　2021年城市体检基本指标体系详解

目标	序号	指标	解释	指标类型
一、生态宜居（15）	1	区域开发强度（%）	市辖区建成区面积占市辖区总面积的百分比	导向指标
	2	组团规模（平方公里）	市辖区建成区内每一个组团的规模，有2个以上组团的应分别填报。组团指具有清晰边界、功能和服务设施完整、职住关系相对稳定的城市集中建设区块，组团规模不宜超过50平方公里	导向指标
	3	人口密度超过每平方公里1.5万人的城市建设用地规模（平方公里）	市辖区建成区内人口密度超过每平方公里1.5万人的地段总占地面积。人口密度是指城市组团内各地段单位土地面积上的人口数量	底线指标
	4	新建住宅建筑高度超过80米的数量（栋）	当年市辖区建成区内新建住宅建筑中高度超过80米的住宅建筑栋数。建筑高度是指建筑物屋面面层到室外地坪的高度，新建住宅建筑高度控制在80米以下	底线指标
	5	城市生态廊道达标率（%）	市辖区建成区内组团之间净宽度不小于100米的生态廊道长度，占城市组团间应设置的净宽度不小于100米且连续贯通生态廊道长度的百分比。生态廊道是指在城市组团之间设置的，用以控制城市扩展的绿色开敞空间	底线指标
	6	单位GDP二氧化碳排放降低（%）	当年城市单位国内生产总值二氧化碳排放量，比上一年度城市单位国内生产总值二氧化碳排放量的降低幅度	底线指标
	7	新建建筑中绿色建筑占比（%）	市辖区建成区内按照绿色建筑相关标准新建的建筑面积，占全部新建建筑总面积的百分比，应达到100%	导向指标
	8	城市绿道服务半径覆盖率（%）	城市绿道1公里半径（步行15分钟或骑行5分钟）覆盖的市辖区建成区居住用地面积，占市辖区建成区总居住用地面积的百分比	导向指标
	9	公园绿地服务半径覆盖率（%）	市辖区建成区内公园绿地服务半径覆盖的居住用地面积，占市辖区建成区内总居住用地面积的百分比（5000平方米及以上公园绿地按照500米服务半径测算；2000~5000平方米的公园绿地按照300米服务半径测算）	导向指标
	10	城市环境噪声达标地段覆盖率（%）	市辖区建成区内环境噪声达标地段面积，占建成区总面积的百分比	导向指标

续表

目标	序号	指标	解释	指标类型
一、生态宜居（15）	11	空气质量优良天数比率（%）	全年环境空气质量优良天数占全年总天数的百分比，不宜小于87%	底线指标
	12	地表水达到或好于Ⅲ类水体比例（%）	市辖区建成区内纳入国家、省、市地表水考核断面中，达到或好于Ⅲ类水环境质量的断面数量，占考核断面总数量的百分比	底线指标
	13	城市生活污水集中收集率（%）	市辖区建成区内通过集中式和分散式污水处理设施收集的生活污染物量占生活污染物排放总量的比例，不宜小于70%	导向指标
	14	再生水利用率（%）	市辖区建成区内城市污水再生利用量，占污水处理总量的百分比，不宜小于25%	导向指标
	15	城市生活垃圾资源化利用率（%）	市辖区建成区内城市生活垃圾中物质回收利用和能源转化利用的总量占生活垃圾产生总量的百分比，不宜小于55%	导向指标
二、健康舒适（9）	16	完整居住社区覆盖率（%）	市辖区建成区内达到《完整居住社区建设标准（试行）》的居住社区数量，占居住社区总数的百分比	导向指标
	17	社区便民商业服务设施覆盖率（%）	市辖区建成区内有便民超市、便利店、快递点等公共服务设施的社区数，占社区总数的百分比	导向指标
	18	社区老年服务站覆盖率（%）	市辖区建成区内建有社区老年服务站的社区数，占社区总数的百分比	导向指标
	19	普惠性幼儿园覆盖率（%）	市辖区建成区内公办幼儿园和普惠性民办幼儿园提供学位数，占在园幼儿数的百分比	导向指标
	20	社区卫生服务中心门诊分担率（%）	市辖区建成区内社区卫生服务机构门诊量，占总门诊量的百分比	导向指标
	21	人均社区体育场地面积（平方米/人）	市辖区建成区内常住人口人均拥有的社区体育场地面积	导向指标
	22	社区低碳能源设施覆盖率（%）	市辖区建成区内配备充电站（桩）、换电站、分布式能源站等低碳能源设施的社区数量，占社区总数的百分比	导向指标
	23	老旧小区改造达标率（%）	市辖区建成区内已改造老旧小区达标数量，占市辖区建成区已改造老旧小区总数的百分比。达标的老旧小区是指由建设单位组织工程竣工验收，并符合当地老旧小区改造工程质量验收标准的改造小区	导向指标

续表

目标	序号	指标	解释	指标类型
二、健康舒适（9）	24	新建住宅建筑密度超过30%的比例（%）	市辖区建成区内新建住宅建筑密度超过30%的居住用地面积，占全部新开发居住用地面积的百分比。住宅建筑密度是指住宅建筑基底面积与所在居住用地面积的比例	底线指标
	25	城市内涝积水点密度（个/平方公里）	市辖区建成区内每平方公里土地面积上常年出现内涝积水点的数量	导向指标
	26	城市可渗透地面面积比例（%）	市辖区建成区内具有渗透能力的地表（含水域）面积，占建成区面积的百分比，不宜小于45%	底线指标
三、安全韧性（7）	27	城市道路交通事故万车死亡率（人/万车）	市辖区每年因道路交通事故死亡的人数，与市辖区机动车保有量的比例	导向指标
	28	城市年安全事故死亡率（人/万人）	市辖区内每年因道路塌陷、内涝、管线泄漏爆炸、楼房垮塌、安全生产等死亡人数，与市辖区常住人口的比例	导向指标
	29	人均避难场所面积（平方米/人）	市辖区建成区内应急避难场所面积与常住人口的比例，不宜小于1.5平方米/人	底线指标
	30	城市二级及以上医院覆盖率（%）	市辖区建成区内城市二级及以上医院4公里（公交15分钟可达）服务半径覆盖的建设用地面积，占建成区面积的百分比	导向指标
	31	城市标准消防站及小型普通消防站覆盖率（%）	市辖区建成区内标准消防站（7平方公里责任区/5分钟可达）及小型普通消防站（4平方公里责任区）覆盖的建设用地面积，占建成区面积的百分比	导向指标
四、交通便捷（7）	32	建成区高峰期平均机动车速度（公里/小时）	市辖区建成区内高峰期各类道路上各类机动车的平均行驶速度	导向指标
	33	城市道路网密度（公里/平方公里）	市辖区建成区组团内城市道路长度与组团面积的比例，有2个以上组团的应分别填报。组团内每平方公里道路长度不宜小于8公里	导向指标
	34	城市常住人口平均单程通勤时间（分钟）	市辖区内常住人口单程通勤所花费的平均时间	导向指标
	35	通勤距离小于5公里的人口比例（%）	市辖区内常住人口中通勤距离小于5公里的人口数量，占全部通勤人口数量的百分比	导向指标
	36	轨道站点周边覆盖通勤比例（%）	市辖区内轨道站点800米范围覆盖的轨道交通通勤量，占城市总通勤量的百分比	导向指标

245

续表

目标	序号	指标	解释	指标类型
四、交通便捷（7）	37	绿色交通出行分担率（%）	市辖区建成区内采用轨道、公交、步行、骑行等方式的出行量，占城市总出行量的百分比，不宜小于60%	导向指标
	38	专用自行车道密度（公里/平方公里）	市辖区建成区内具有物理隔离的专用自行车道长度与建成区面积的比例，每平方公里不宜小于2公里	导向指标
五、风貌特色（6）	39	当年获得国际国内各类建筑奖、文化奖的项目数量（个）	当年市辖区内民用建筑（包括居住建筑和公共建筑）中获得国际国内各类建筑奖、文化奖的项目数量（包括国内省级以上优秀建筑、工程设计奖项、国外知名建筑奖项以及文化奖项）	导向指标
	40	万人城市文化建筑面积（平方米/万人）	市辖区内文化建筑（包括剧院、图书馆、博物馆、少年宫、文化馆、科普馆等）总面积与市辖区常住人口的比例	导向指标
	41	城市历史风貌破坏负面事件数量（个）	当年市域内存在拆除历史建筑、传统民居，砍老树，破坏地形地貌、传统风貌和街道格局等负面事件的个数	底线指标
	42	城市历史文化街区保护修缮率（%）	市辖区内近5年开展保护修缮项目的历史文化街区数量，占历史文化街区总量的百分比	导向指标
	43	城市历史建筑空置率（%）	市辖区内历史建筑空置数量占城市人民政府公布的历史建筑总数的百分比，不宜超过10%	导向指标
	44	城市国内外游客量（万人）	当年市辖区内主要节假日国内外游客量	导向指标
六、整洁有序（6）	45	城市门前责任区制定履约率（%）	市辖区建成区内门前责任区制定履约数量，占门前责任区总量的百分比	导向指标
	46	城市街道立杆、空中线路规整性（%）	市辖区建成区内立杆、空中线路（电线电缆等）规整的城市街道数量，占建成区主干道、次干道、支路总量的百分比	导向指标
	47	城市街道车辆停放有序性（%）	市辖区建成区内车辆停放有序的城市街道数量，占建成区主干道、次干道、支路总量的百分比	导向指标
	48	城市重要管网监测监控覆盖率（%）	市辖区建成区内对城市重要管网进行动态监测的城市街道数量，占建成区主干道、次干道、支路总量的百分比	导向指标
	49	城市窨井盖完好率（%）	市辖区建成区内窨井盖完好的城市街道数量，占建成区主干道、次干道、支路总量的百分比	导向指标
	50	实施专业化物业管理的住宅小区占比（%）	市辖区建成区内实施专业化物业管理的住宅小区数量，占建成区内住宅小区总量的百分比	导向指标

续表

目标	序号	指标	解释	指标类型
七、多元包容（5）	51	道路无障碍设施设置率（%）	市辖区建成区内主干道、次干道、支路的无障碍设施设置率（包括缘石坡道设置率、盲道设置率、出入口盲道与道路盲道相衔接比例、人行横道过街音响提示装置配置率、人行横道安全岛轮椅通道设置率、新建人行天桥和人行地道无障碍设施建设率的平均值）	导向指标
	52	城市居民最低生活保障标准占上年度城市居民人均消费支出比例（%）	城市最低生活保障标准（×12），占上年度城市居民人均消费支出的百分比	导向指标
	53	常住人口住房保障服务覆盖率（%）	市辖区内正在享受保障性租赁住房的新市民、青年人数量，占应当享受保障性租赁住房的新市民、青年人总数量的百分比	导向指标
	54	住房支出超过家庭收入50%的城市家庭占比（%）	市辖区内当年用于住房的支出超过家庭年收入50%的城市家庭数量，占城市家庭总数量的百分比	导向指标
	55	居住在棚户区和城中村中的人口数量占比（%）	市辖区内居住在棚户区、城中村的人口数量，占市辖区常住人口总数量的百分比	导向指标
八、创新活力（10）	56	城市小学生入学增长率（%）	市辖区内当年小学生入学人数，较基准年（2015年）城市小学生入学人数的增长率	导向指标
	57	城市人口年龄中位数（岁）	当年市辖区内城市常住人口年龄中位数	导向指标
	58	政府负债率（%）	地方政府年末债务余额，占城市年度GDP的百分比	导向指标
	59	城市新增商品住宅与新增人口住房需求比（%）	市辖区内新增商品住宅竣工面积，占新增人口住房总需求的百分比。新增人口住房总需求是指当年城市新增常住人口×人均最小住房面积	导向指标
	60	全社会R&D支出占GDP比重（%）	当年全市全社会实际用于基础研究、应用研究和试验发展的经费支出，占国内生产总值的百分比	导向指标
	61	万人新增中小微企业数量（个/万人）	当年市辖区内净增长中小微企业数量，与市辖区常住人口的比例	导向指标
	62	万人新增个体工商户数量（个/万人）	当年市辖区内净增长个体工商户数量，与市辖区常住人口的比例	导向指标

247

续表

目标	序号	指标	解释	指标类型
八、创新活力（10）	63	万人高新技术企业数量（个/万人）	当年市辖区内高新技术企业数量，与市辖区常住人口的比例	导向指标
	64	万人上市公司数量（个/万人）	市辖区内上市公司数量，与市辖区常住人口的比例	导向指标
	65	城市信贷结构优化比例（%）	全市当年城市小微企业贷款余额，占基准年（2015年）城市小微企业贷款余额的百分比	导向指标